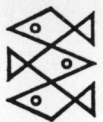

Über dieses Buch Vielleicht kein anderes literarisches Werk dieses Jahrhunderts ist derart uneingeschränkt als *wahrhaftig* bezeichnet worden wie dasjenige des Ethnologen und Schriftstellers Michel Leiris. In seiner lebenslangen Autobiographie wird das äußerste Maß an Selbstreflexion – bis zur Brutalität gegen sich selbst – erreicht. Vorausgegangen waren dieser vierbändigen *Spielregel* seine berühmt gewordene Schrift »Mannesalter« sowie surrealistische und ethnologische Schriften. Das Spätwerk schließt unter anderem mit dem »Band am Hals der Olympia« (Fischer Taschenbuch 3613).

Leiris, 1901 geb. und 1990 gestorben, war ein Besessener des Worts: in der Schrift hielt er seine Träume und seine Impressionen, seine Ängste und Zweifel, seine Gedanken und Utopien fest. Er war ebenso fasziniert von der poetischen Abstraktion wie von der revolutionären Aktion. Er war ein großer Reisender, der sich selbst einen Stubenhocker nannte. Er war mutig, zuweilen tollkühn, und empfand sich selbst als ängstlich. Als Schriftsteller, mit den Mitteln der Sprache, versuchte er das Leben zu meistern. Sein Wunsch war es, »lebendige Wirklichkeiten zu berühren«. In seiner sprachlichen Meisterschaft und Gesamtkonzeption wird dieses Werk am häufigsten mit dem von Marcel Proust verglichen.

Der Autor Hans-Jürgen Heinrichs, Jahrgang 1945, hat wesentlich dazu beigetragen, den faszinierenden Schriftsteller und inspirierenden Ethnologen Michel Leiris in Deutschland bekannt zu machen. Er hat – außer den Schriften von Segalen und Raphael – auch das ethnologische und essayistische Werk von Leiris herausgegeben. In der Doppelrolle als Ethnologe und Schriftsteller – zuletzt erschienen von ihm eine Studie über Hubert Fichte und ein Band Reiseprosa *Der Reisende und sein Schatten* – fühlte er sich den Arbeiten dieses unkonventionellen Autors aufs engste verbunden. Aus dieser Nähe entstand ein lebendiges Porträt des Mannes, der ebenso von Sartre, Simone de Beauvoir, Georges Bataille und Jacques Lacan wie von Masson, Butor und Picasso bewundert wurde.

Hans-Jürgen Heinrichs
Ein Leben als Künstler und Ethnologe

Über Michel Leiris

Fischer Taschenbuch Verlag

Überarbeitete Ausgabe
Veröffentlicht im Fischer Taschenbuch Verlag GmbH,
Frankfurt am Main, September 1992

Lizenzausgabe mit freundlicher Genehmigung des
Qumran Verlags, Frankfurt am Main und Paris
© 1981 Qumran Verlag und Hans-Jürgen Heinrichs, Frankfurt am Main
Umschlaggestaltung: Buchholz / Hinsch / Hensinger
Druck und Bindung: Clausen & Bosse, Leck
Printed in Germany
ISBN 3-596-10112-3

»Lieber wäre ich besessen als über die Besessenen zu reden ...«
(Michel Leiris)

»Körperlich bin ich mittelgroß, eher klein. Ich habe braune Haare, kurz geschnitten, damit sie sich nicht in Locken legen, auch aus Furcht vor einer beginnenden Kahlköpfigkeit. Soweit ich es beurteilen kann, sind die charakteristischen Züge meiner physiognomischen Erscheinung: ein sehr steiles Genick, das vertikal wie eine Mauer oder eine Steilküste abfällt, klassisches Erkennungszeichen (will man den Astrologen Glauben schenken) der unter dem Zeichen des Stieres Geborenen; eine entwickelte, ziemlich bucklige Stirn mit übertrieben knotig hervorstehenden Schläfenadern. Diese breite Stirn steht (nach der Lehre der Astrologen) mit dem Zeichen des Widders in Beziehung; tatsächlich bin ich an einem zwanzigsten April geboren, also gerade an der Grenze dieser beiden Zeichen: des Widders und des Stieres. Meine Augen sind braun, die Lidränder gewöhnlich entzündet; meine Gesichtsfarbe ist lebhaft; ich schäme mich einer ärgerlichen Neigung zum Rotwerden und zum Hautglanz. Meine Hände sind mager, ziemlich behaart, mit sehr ausgeprägten Adern; meine beiden Mittelfinger sind an den Enden gekrümmt und müssen wohl irgendeine Schwäche oder Nachgiebigkeit in meinem Charakter bezeichnen.

Mein Kopf ist reichlich groß für meinen Körper; im Verhältnis zu meinem Rumpf habe ich etwas kurze Beine, und die Schultern sind zu schmal im Verhältnis zu den Hüften. Ich gehe mit vorgebeugtem Oberkörper; wenn ich sitze, habe ich die Neigung, den Rücken krumm zu halten; meine Brust ist nicht sehr breit, und ich habe kaum Muskeln. Ich kleide mich gern mit einem Höchstmaß an Eleganz; der Fehler wegen, die ich an meinem Körperbau aufgezählt habe, und weil meine Mittel, ohne daß ich mich arm nennen könnte, recht begrenzt sind, finde ich mich jedoch für gewöhnlich von Grund aus unelegant; es graut mir davor, mich unversehens in einem Spiegel zu erblicken, denn wenn ich nicht darauf vorbereitet bin, erscheine ich mir jedesmal von demütigender Häßlichkeit.«

Michel Leiris, Mannesalter

Inhalt

Vorbemerkung zur Taschenbuchausgabe   9
Vorwort   16
»Dichter kommt Sprecher mit fruchtiger Rede gleich...«   20

I
Das Auge des Dichters und
des Ethnographen

1. Der Schatten des Stierhornes   25
2. Leiris, die surrealistischen und antisurrealistischen
   Zeitschriften und Gruppierungen   35
3. Ethnologische Lehrjahre   43

II
Die eigene und die fremde Kultur

1. Der Beobachter und sein Objekt   55
2. Kultur und Revolution oder »aktiver Humanismus«   62
3. Geschichte und Chance der Ethnologie   70
4. Ethnologische Poetologie   76
5. Die exotistisch belebte Wissenschaft   83
6. Das ethnographische Tagebuch   94

III
Magie

1. Besessenheit   112
2. Caput mortuum   116
3. Die Maske und der Fetisch   122

IV
Poetische Konstruktionen

1. Totale Poesie   132
2. Reinheit, Konzeption und Konstruktion   138
3. Ausblick   142

Bildnachweise   144
Anmerkungen   145
Bibliographie der verwendeten Literatur   157

Bibliographie zum Werk von Michel Leiris   162
1. Das Werk von Michel Leiris   163
2. Zum Werk von Michel Leiris   171

Vorbemerkung zur Taschenbuchausgabe

> Es handelt sich um das vielleicht strengste Werk unserer
> Zeit.
> *André Masson über das Werk von Michel Leiris*

Jedes Buch lebt von den Faszinationen, denen der Autor zur Zeit der
Niederschrift erlegen war, von den Besessenheiten und dem einge-
engten, also konzentrierten Blick auf einen Gegenstand, von der Be-
vorzugung einer Perspektive, eines Blickwinkels.

Diese Studie über Michel Leiris ist entstanden aus der Identifikation mit einem Ethnologen (der sich und die anderen Kulturen ge-
brochen erlebte und beschrieb und dennoch an einem »aktiven Humanismus« festhielt), aus der Identifikation mit einem Dichter, der
sich in seiner Sprache (wie in einer fremden Kultur) stets als Fremder wiederfand. Auch wenn Leiris von seinem Ich und vom Eigenen
spricht, ist es doch immer der *andere Schauplatz*, den er erkundet,
dessen Besetzungen er nicht kennt.

In diesen Fremdheiten, in dem literarischen und ethnologischen
Umschreiben und Ausprobieren fand ich viele Übereinstimmungen
mit eigenen Erfahrungen und genügend Freiraum für anders Erfah-
renes. Leiris hatte mir etwas konsequent vorgelebt: wie er sich für
die Ethnologie, die er betrieb, persönlich verantwortlich fühlte, und
daß er die Literatur so existentiell wie einen Stierkampf und so wich-
tig wie einen revolutionären Akt nahm und dabei als obersten
Grundsatz festgeschrieben hatte: »Niemals, keinen einzigen Augenblick habe ich mich wohlgefällig eingerichtet im Nichts. Und ver-
herrlicht habe ich es noch weniger. Ich habe stets meinen Zustand
als einen Fluch angesehen und alles getan (Psychoanalyse, Reisen
usw.), um mich herauszuwinden. Nur das eine habe ich mich immer
zu tun geweigert: *mein Denken zu entstellen*« (*Die Lust am Zusehen*,
1981: 9).

Es sind »Fibrillen«, Fäserchen, an denen er seine Spurensuche auf-
nimmt, Wegstriche, denen er folgt. Eingebunden in »Streichungen«
und »Krempel« – so die Titel der beiden ersten Bände seiner vier-

bändigen Autobiographie – und in das Konzept, die »Spielregel« des eigenen Lebens auszumachen, sind auch die »Fibrillen« autarke Schriftzeichen. Gleichgültig, ob der Leser den Ballast des Wissens um die Biographie dieses Besessenen der Selbsterkenntnis mit sich trägt oder nicht, Leiris' autobiographischen Streifzüge sind wie jene Tiere, die an jeder Stelle ihres Körpers lebensfähig sind und denen abgehackte Körperteile nachwachsen.

Zwischen dem Wunder des Gebärens und dem Fluch eines Geschwürs schreibt sich dieser nie aufgegebene Wunsch einer wahrhaftigen Selbstbespiegelung fort: von Impressionen zu Desillusionierungen, von Bekenntnissen zu Bekenntnissen, in sich stetig enger knüpfenden Verschlingungen.

Auch das autobiographische Schreiben selbst wird bei Leiris zu einem Gegenstand des Zweifels und der Selbstzerfleischung. »Hinzu kam der Eindruck einer jämmerlichen Schwäche, an der ich schon lange gelitten habe: ein Hamlet auf kleinem Fuß, ein hasenherziger Liebhaber, ein verhinderter Aufsässiger, so sahen meine Selbstbilder aus« (*Fibrillen*, 1991: 87).

Leiris seziert seine Schwächen ohne wehleidiges Jammern, beschreibend, unermüdlich auf der Suche nach den Dreh- und Angelpunkten der eigenen Begierden und Motive; Motive des Reisens vor allem. Warum ist er, der sich doch selbst einen »kleinbürgerlichen Stubenhocker« nennt, so oft auf Reisen und empfiehlt es seinen Künstlerfreunden als der besten Methode, um sich die eigenen Manien und Begrenztheiten vor Augen zu führen? Vielleicht ist es gar nicht so sehr eine besondere Vorliebe für das Paradoxon, sondern vielmehr die unglaubliche Intensität, mit der er sich in das Aufdecken seiner Widersprüche versenkt. Er sei »absolut wahrhaft«, seine Aufrichtigkeit reiche bis zur Gewalttätigkeit, ja bis zur Grausamkeit, meinte der Schriftsteller Marcel Jouhandeau und sprach von einer »unwiderruflichen, unwiderstehlichen Berufung« bei Leiris.

Zugleich ist Leiris aber auch beunruhigt über solche Charakterisierungen – vor allem auch über die Züge des Masochismus, die manche Kritiker bei ihm zu entdecken glauben –, denn auch sie fixieren etwas, was Teil einer Bewegung und eines Bewegtseins sind. »...vergebens habe ich gemischt, abgehoben, wieder gemischt, in der Hoffnung, endlich eine Glückskarte zu ziehen, aber was sich in den aufgedeckten Figuren und nicht bildhaften Werten meines Spiels zeigte, war *immer und immer wieder der Tod*« (ebd.: 120).

Leiris hat beschrieben, wie er versuchte, die Todes-Karte bewußt zu ziehen, wie er sich dann aber doch unbewußt ans Leben klammerte und die Auslöschung mißlang, wie er sich in einem Spital, inmitten einer »Horde von Vollidioten«, wiederfand und weiter an den Fragen laborierte: *was* tun und es *auf welche Weise* tun? Hinter diesen beiden Fragen trat die allgemeinere – warum überhaupt leben? – zurück.

Aber selbst da, wo er ein Gefühl der Lebensfülle habe verbreiten wollen, seien nur Selbstbestrafung und Krankhaftes herausgekommen. Zwar habe er sich mit einer gewissen Lust über die inneren Abgründe gebeugt, aber geleitet wußte er sich dabei doch nur von dem einen Wunsch, keinen Schmu in seinem Leben machen zu wollen, jenseits von hohlem Optimismus oder zwanghaftem Pessimismus das Leben schreibend zu erfahren. Im Grunde hatte er nie etwas anerkennen wollen, was er nicht zuvor einer strengen Prüfung unterzogen hatte.

Die markantesten Punkte in dieser kritischen Skala seiner Spielregel sind die Auslotung des eigenen Antriebs zum Leben, die Fixierung auf den Tod, die Beweggründe des Reisens und die Erfahrungen in der Welt des Traums.

Aber bei aller Liebe zum Imaginären – einer seiner einflußreichsten Vorbilder war der Großmeister der Imagination Raymond Roussel –, sind seine Bücher doch keineswegs apolitisch oder alltagsfremd. Im Gegenteil: Im Grunde entspinnen sich die meisten der Assoziationen und Konstruktionen aus dem Durchspielen alltäglicher Vorkommnisse und Verläufe, und die politische Botschaft, das Bekenntnis zur Revolution und zu einer humanen Gesellschaft stehen als Mitteilungswunsch mindestens gleichrangig neben den Auskünften über die Träume, Ängste, Leiden und Verfehlungen des Autors. Stets habe ihn ein fast manischer Zweifel an seiner Ausdrucksfähigkeit gequält.

Dichtkunst und Lebenskunst zur Deckung zu bringen, für beide eine goldene Regel aufzustellen, das war der eitle Wahn, der von ihm selbst letztlich als gescheitert empfundene Versuch. Was herauskam, war kein Bild eines vollkommenen Lebens, nur gesteigerte Verwirrung.

Leiris vergleicht Züge seines artistischen Spiels einer Selbsterforschung mit dem Auftritt eines Illusionskünstlers, der alle für sich auf der Bühne agieren läßt, ein professioneller Blender, Initiator eines Verwirrspiels. Aber Leiris richtet sich darin nicht ein, sein Feind ist die Blendung und Verblendung; er folgt einer selbstauferlegten Strenge gegenüber den Verlockungen der bloßen Selbstliebe, des dekorhaften Ausschmückens und der nur impressionistischen Beschreibung von Erlebnismomenten. Was er sich wünscht und wozu er alle ihm zur Verfügung stehende Kraft aufgewendet hat, ist, »lebendige Wirklichkeiten zu berühren«.

Diese Formulierung aus Leiris' Autobiographie kommt auch schon in seiner frühen Schrift über »Das Heilige im Alltagsleben« vor, wo er von den »Berührungsmomenten« spricht, die diese neue Form der Soziologie betonen müsse. Es war das Moment des Subjektiven und des Subjektiv-Verantwortlichen, das Leiris stets hervorhob. Nur einer Forderung habe er sich bedingungslos unterstellt, derjenigen nach Aufrichtigkeit.

»Weigerungen . . . : nicht lügen;

nichts versprechen, was man nicht mit Sicherheit erfüllen kann;

nicht mit Worten klingeln und sich auch nicht mit Wortgeklingel abspeisen lassen (solche Dinge muß der Schriftsteller an erster Stelle als zu kostbar erachten, um andere damit zum besten zu halten);

nicht leichtfertig daherreden und sich vor Klatsch und Gedankenlosigkeiten hüten, die zu Fehlgriffen führen (grotesken Formen der Sünde wider die Sprache, ebenso wie es Sünden wider den Geist gibt);

nicht nur den Briefumschlag respektieren, dessen Aufbrechen auch dann ein schwerer Verstoß ist, wenn er kein rotes Siegel trägt, sondern auch unter allen Umständen diese grundsätzliche Diskretion unter Beweis stellen;

geistige Seichtheit, die dazu verleitet, die eigene Sprache mit Redensarten nach dem Tagesgeschmack zu spicken, und Geschraubtheit vermeiden, die sich umgekehrt in der Verwendung einer zu gelehrten oder zu geleckten Sprache äußert;

seine Zunge so sehr im Zaum halten, daß man zu leiden vermag, ohne sich tierisch brüllend gehenzulassen, und gegebenenfalls trotz Folter oder Lebensgefahr ein Geheimnis hüten;

wenn man die Kunst des Schreibens ausübt, sich letztlich strenger als irgendein anderer das nicht durchgehen lassen, was im alltäglichen Leben eine Majestätsbeleidigung der Sprache ist, und dahin gelangen, nicht nur Herr seiner Worte und der Sprache, auf den diese sich verlassen kann, sondern auch ein ›Mann, der sein Wort hält‹ zu sein, wie es der geläufige Sinn dieses Ausdrucks für wünschenswert hält« (*Fibrillen, 1991: 331f.*).

Es sind Richtlinien und selbstgesetzte Normen, einmal fixiert, aber deswegen keineswegs gesichert, überhaupt nicht unumstößlich. Letztlich habe er das Wagnis gescheut, die ganze Ernsthaftigkeit einfach sein zu lassen und sich nur wie ein »gewöhnlicher Flaneur« zu benehmen.

Aber sein Metier war das Schreiben, sein »kostbarster Rohstoff« die Sprache. Er sollte das »syntaktische Seil« spannen, auf dem er sich, leidenschaftlich und der Wahrheit verpflichtet, der eigenen und der fremden Kultur bewußt wurde. Er war Dichter und Ethnologe, Ethnopoet, und nicht Tänzer, nicht Flaneur.

Der Dichter und Ethnologe, der Reisende und Wissenschaftler Michel Leiris öffnet mit seinen inneren und äußeren Reisen den Raum des Imaginären und die Landschaften Europas, Afrikas, Asiens und Ozeaniens, und er öffnet durch die Rekonstruktion der Reisen, die andere Dichter (wie Gauguin oder Rimbaud, Joseph Conrad oder Victor Segalen) vor ihm unternahmen, einen Spalt weit das Tor zum Reich des Unbewußten, wagt große Schritte in diesem unsicheren Terrain, kehrt das Innerste dessen, was er von seiner Seele weiß, nach außen und versucht, die Seele eines ganzen Volkes (wie das der Marquesaner oder afrikanischer Ethnien) zu ergründen. Dabei scheut er zuweilen nicht das Pathos, die erhabenen Worte und den Ton des getragenen Sprechens, aber nicht verstanden als schwülstige, dekorhafte Rede, sondern als Verpflichtung, den richtigen Ton für große Kunst und Dichtung, für das Mysterium des Lebens und für das Schicksalhafte, für das Fest der Liebe, die Freude der Geburt und die Tragik des Untergangs zu finden.

Die *imaginären* Reisen und die geographisch fixierbaren Reisen, die für ihn wie ein »unergründlicher Sog« sein mögen, führen ihn in die ureigenste Fremde, in die eigene Fülle und Leere, Vertrautheit und Unbekanntheit. Der Aufprall des Fremden ereignet sich gleichsam im Echoraum des eigenen Verlangens, der Begierden und Sehnsüchte. Das Leben und Werk von Leiris ist, wie auch dasjenige von Segalen, von Gauguin oder von Rimbaud, dafür ein besonders exponiertes Beispiel. Sie alle flohen zu den entlegensten Punkten der Erde und kehrten, als folgten sie einer geheimen, aber vorgeschriebenen Umlaufbahn, wieder zu ihren Ausgangspunkten im alten Europa zurück.

So wie sich dem Ethnologen Leiris der ethnologische Gegenstand in der ihm traditionell zugewiesenen wissenschaftlichen Ordnung entzog, so bekommt er, als der Erforscher seines Selbst, nur Schatten, Fußangeln und Fäden seines Lebens zu fassen. Im Aufspüren seiner Kindheitserlebnisse entdeckt er in sprachlichen Ausbrüchen, in Laut- und Wortfolgen, die Spuren seiner Sozialisation und seiner archaischen Vergangenheit. *Sprachlich* stellen sich ihm jetzt die »Rätsel, die ich zu lösen hatte«.

Leiris' Bücher sind Entwürfe eines Menschen, der nicht gewillt war, sein Scheitern wort-los hinzunehmen, der es aber auch nicht in Worten emphatisch überhöhen und verfälschen wollte. Er wollte sein »Gesetz« (Struktur) und seine »Etikette« (Oberfläche) kennenlernen, die Räume zwischen Ich und Es – wo Es war und Ich werden wollte, wo Ich Es verdeckte – skizzieren, auch auf die Gefahr selbstzerstörerischer Entdeckungen hin. So werden das Scheitern und das Mißglückte, die Verfehlungen und Verletzungen Angelpunkt eines *Lebens*, das sich auf das Schreiben bezieht, und eines *Schreibens*, das ohne eine entsprechende Lebenserfahrung nicht denkbar wäre. Nicht als Literatur, sondern als Ersatz des Lebens entworfen, entwickelt sich dieses Projekt im Sich-Einlassen auf die verwinkeltsten Bezüge der Sprache und den durchgehaltenen Bezug auf einen (scheiternden) Helden zu einem literarischen Entwurf par excellence.

»Indem ich Schriftsteller wurde, habe ich mich für eine bestimmte Darstellung der Welt oder vielmehr für eine besondere Art entschieden, sie darzustellen (sie durch ein Raster zu lesen, das mehr freilegt als die rationalen Raster). Ich habe mich gleichzeitig für eine bestimmte Moral entschieden (Ablehnung allzu kleinlicher Überlegungen), und obwohl ich darauf verzichtet habe, sie zu einem System auszubauen, lenkt sie nach wie vor mein Handeln« (ebd.: 404).

Kaum ein anderes Werk ist derart geprägt von der Spannung zwischen dem Aufbegehren, dem Revoltierenden, dem Aufbruchcharakter *und* dem Stetigen: im Analysieren und Sezieren der Sprache und der Kulturen, im politischen Denken und im Umschreiben des eigenen Ich. Die Klammer, die diese Aktivitäten zusammenhält, ist der Wunsch, das Konventionelle und Verbrauchte, das Überlebte und Tote abzustreifen, das Dekorhafte und Illusionäre zu vermeiden, Schwächen und Begrenztheiten zu beschreiben, die Selbstentblößung und die Decouvrierung des Anderen nicht zu scheuen.

Meine Faszination für die Art, wie Leiris sein Leben lang an dieser Praxis festgehalten hat, ist geblieben; sein Werk hat für mich etwas Überzeitliches bekommen, eine Dimension der Objektivität, die von seinem Leben unabhängig geworden ist. Es wäre eine Einlösung dessen, was Leiris immer vorgeschwebt hatte: je subjektiver ich schreibe, desto größer sind die Chancen, Objektives zu sagen. Könnte sich doch an Autoren wie Victor Segalen, Robert James Fletcher, Michel Leiris oder Hubert Fichte bewahrheiten, daß das Objektive nichts Vorfindbares ist, sondern ein Konstrukt aus Punkten, Feldern, Beziehungsformen und Strukturen, die sich in einer Arbeit ergeben, die nicht künstlich vom eigenen Ich absieht, die nicht abstrahiert von den subjektiven Bedingungen jeder Erkenntnis. So hätte man am Ende vielleicht doch nicht nur den »Schatten«, sondern etwas von der »Beute« ergattert – was Leiris selbst nie zu hoffen gewagt hat.

Hans-Jürgen Heinrichs
Frühjahr 1992

Vorwort

Wann hörte ich zum ersten Mal den Namen Michel Leiris, wann und unter welchen Umständen las ich zum ersten Mal eine Zeile von ihm oder Worte der Zustimmung und der Kritik? Natürlich stellt man sich die Frage dann, wenn die Begegnung Folgen für das eigene Leben und Arbeiten zeigt, wenn sich die »zufällige« Begegnung kontinuierlich fortgesetzt und verdichtet hat, zu einer Beziehung geworden ist, die in der beständigen Neugierde auf den Anderen Züge einer »Liebesbeziehung« angenommen hat. Die Launen dieser Geliebten oder dieses Geliebten sind die Verschlingungen, das Widerborstige des geschriebenen Wortes, das Dunkel im »Werk«, da es ja vom Autor nicht nach einem architektonischen Plan ausgeführt wurde, dem man jetzt nur nachzugehen hätte. Auch noch die »klarsten« künstlerischen Entwicklungen lassen die Nachgeborenen in vielen Phasen im Dunkeln ihrer eigenen Phantasien und Projektionen tappen.

Ich erinnere mich nur sehr ungenau an das Auftauchen der leibhaftigen und literarischen Figur ›Leiris‹ – es war sicher die Anhäufung der direkten und der geheimnisvollen Hinweise von Antonin Artaud, Jacques Lacan und Claude Lévi-Strauss auf Leiris' exzessiven und besessenen Umgang mit der Sprache, dann seine enge Freundschaft mit Georges Bataille und dessen Lebensgefährtin Laure, seine Zusammenarbeit mit Sartre und Simone de Beauvoir. »Wir liebten Leiris' Bücher«, schreibt sie in ihren Lebenserinnerungen *Alles in allem*, »und Sartre arbeitete mit ihm im ›Comité National des Ecrivains‹ zusammen. Durch ihn wurden wir mit Salacrou, Bataille, Limbour, Lacan, Leibovitz und Queneau bekannt, die alle der intellektuellen Résistance angehörten.«

Durch seine Beiträge in den surrealistischen und nachsurrealistischen Zeitschriften, in *Les Temps Modernes* (von Leiris mitbegründet) und in der kleinen Aufsatzsammlung *Cinq études d'Ethnologie* lernte ich ihn als Ethnologen kennen – vor allem durch seine ersten Erfahrungen während einer Afrika-Expedition (1931–1933), die er nicht zuletzt auf Anraten seines Arztes unternimmt, der darin für den schwächlichen, in Liebeskummer und Saufereien verstrickten jungen Dichter eine (letzte?) Bewährung sieht. Leiris wird Ethnologe – er bleibt schwächlich, ängstlich, voller Selbstzweifel. In *Mannesalter* beschreibt er sich. Es ist sein populärstes Buch. Später wird er eine viel systematischere, lebenslange Selbstanalyse, Selbstentblößung schreiben: *La Règle du jeu* (Die Spielregel). Erste Hinweise darauf gaben Susan Sontag, Hanns Grössel, Michel Butor und Maurice Blanchot:

»Der erste Unterschied zwischen *Mannesalter* und *Die Spielregel* ist vielleicht, daß das eine um einer gegenwärtigen (so gut wie ewigen) Wahrheit willen geschrieben wurde, während das neue Werk im Schimmer einer stets neu zu erwartenden Wahrheit entsteht, der der Autor sich argwöhnisch, begierig und zweifelnd zuwendet, um darin die im Leben und Schreiben geltenden Regeln zu erlernen und in der schwachen Hoffnung, er werde beizeiten wissen, warum er schreibt und um wessentwillen er leben muß. Ein Vorhaben, das nur abgeschlossen werden kann, wenn es Vorhaben bleibt und das in jedem Stadium seiner Durchsetzung einen rätselhaften Klang erzeugt. Manchmal ist er gespalten und wie durch die Windungen einer endlosen Nachforschung gedrosselt, manchmal schwertönend und von einer Fülle, von der wir dennoch nicht hoffen, daß mit ihr alles vollendet ist.«
»*Combat avec l'ange*«, dtsch. in: Leiris, Die Spielregel, I, 1982: 396

Michel Leiris – Dichter und Ethnologe?

Wo liegen die Schnittpunkte, die verbindenden und die trennenden Linien dieser Produktionsformen und ihrer Resultate? Ist Leiris Dichter und Ethnologe in einem oder spaltet er sich auf? Gibt es eine Ethnopoetologie, gibt es eine Linie von Victor Segalen, Lévi-Strauss und Leiris etwa zu Hubert Fichtes Arbeiten?

Es war klar, die Fragen waren nirgendwo beantwortet. Man mußte überhaupt erst einmal lesen, denn eins wurde zunehmend deutlicher: Leiris hat ein großes Werk verfaßt, zerstreut in Einzelpublikationen – Bücher, Aufsätze, Gedichtsammlungen –, und kein französischer Verlag schien sich um eine Gesamtausgabe oder nur die Ausgabe Gesammelter Werke zu kümmern. Am zugänglichsten waren noch die literarischen Arbeiten – der *Ethnologe* Leiris schien mehr ein Gerücht zu sein.

Hier begann die systematische Arbeit des Recherchierens, Sammelns, Übersetzens und probeweisen Zusammenstellens. Nach und nach konnten – in Zusammenarbeit mit dem Übersetzer Rolf Wintermeyer – die *Ethnologischen Schriften* erscheinen. Diese Edition sowie Aufsätze in Zeitungen, Zeitschriften und im Rundfunk sind die Vorarbeiten des vorliegenden Buches. Ohne sie hätte ich mich nicht über einen so langen Zeitraum immer wieder ausschließlich dem Werk dieses einen Mannes widmen können. Viele Details konnte ich im Rahmen dieser Einzelstudie ausführlicher als in den Einleitungen zu den einzelnen Bänden darlegen; der Lebensweg und die Entwicklung des Gesamtwerkes werden deutlicher, die autobiographische und die werkinterpretatorische Erörterung lassen sich ausführlicher aufeinander beziehen. Auch habe ich noch einmal Leiris' Gesamtwerk und die Arbeiten über ihn neu bibliographiert – noch einmal zu seiner Überraschung, daß er das alles geschrieben haben soll.

Seit ich Leiris 1976 das erste Mal gesehen habe, bin ich freier ihm gegenüber geworden: zwar kannte er Geheimnisse über sich, sein Leben und sein Werk, die mir immer verschlossen bleiben werden, aber in manchem kannte ich ihn auch so gut wie er sich selbst. Und doch kam mir im Gespräch mit ihm *seine* Erinnerung immer so viel wertvoller, bedeutender vor. Ich hörte ihm gerne zu, ich glaube, ich hätte es auch getan, wenn ich kein Wort verstanden hätte.

Auf seinen inneren und äußeren Reisen bin ich ihm stets mit größter Aufmerksamkeit gefolgt. Bei seinem Tod folgte ihm mein trauriger Blick, bei seiner letzten großen »Reise«, die alle Grenzen hinter sich läßt, einer Reise ohne Gepäck:

Geizig

Mich leichtmachen
alles ablegen

mein gepäck aufs wesentliche reduzieren

Weg mit der langen federschleppe
dem federbusch dem federkleid
weg mit all dem gefieder

ein geiziger vogel will ich werden
trunken allein vom flug seiner fittiche.

18

Die folgenden Überlegungen sind aus der Arbeit an den ethnologischen, essayistischen und literarischen Texten von Michel Leiris entstanden.

Wie von sich reden – mit dem Glauben an die *Wahrheit* und dem Wissen um die *Nichtigkeit*? Haben die *Begierde* und die *Weigerung* von sich zu sprechen einen gemeinsamen Punkt? Mit welchen Mitteln und zu welchem Ziel führt Leiris (der sich selbst einen »Besessenen des Bekenntnisses« nannte) seine »endlose Analyse«? Diese Fragestellungen werden dann noch einmal neu aufzunehmen sein.

»...›Dichter kommt Sprecher mit fruchtiger Rede gleich,
der seine Worte kostet und sie zu schlürfen gibt‹... die Dichtung, ein Gegenstand feinschmeckerischer Gier, sei wesentlich eine schöne Frucht, und
wenn ich davon geträumt habe, einfach zu singen, statt mich an diesem lang-
sam voranschreitenden Werk abzuschinden, das, aus dem zunächst unbestimmten Wunsch geboren, ohne Kunstfehler das Spiel spielen zu lernen,
das meine Gedanken, meine Neigungen und meine Fähigkeiten bestimmten
– diesem Werk, das dann nicht so sehr zum Handbuch wie zum Feld für
dieses Spiel geworden ist und, ausgerichtet auf eine Erhellung, die eine immer wieder einsetzende Befragung verlangt, vielleicht (bis auf kurze Durch-
blicke) nicht mehr ist als die niemals ajourgeführte Chronik einer niederdrückenden Fahrt auf eine Luftspiegelung zu –, dann verbietet mir nichts,
eine Taktik mir zuzulegen, die einen strengen Widerpart zum Berauschen
durch meine eigenen Alkoholika darstellt: den Stier bei den Hörnern zu
packen, den Wechselfällen des Außen zu trotzen und sich mit weit offenen
Augen für ein aktives Leben zu entscheiden. Mehr oder weniger ist es das,
dem seinerzeit meine unter der Flagge des Humanismus unternommenen
Reisen entsprochen haben, ebenso sehr wie meine Perioden enger Tuchfüh-
lung mit politisch Aktiven der Linken oder der äußersten Linken. Soll ich es
der Unzulänglichkeit dieser Heilmittel anlasten, daß sie mir nur mäßige Lin-
derung verschafft haben? Die Redlichkeit zwingt mich vielmehr zuzugeben,
daß ein Heilmittel bei dem, der es nur zur Hälfte anwendet, nicht anschlagen
kann, und das ist bei mir der Fall, teils wegen meines Mangels an Draufgän-
gertum, teils wegen der schwierigen (gerne würde ich sagen: der unlösbaren)
Fragen, die mir zu stellen diese Tätigkeiten mir nahelegten. Wie, beispiels-
weise, kann man Ethnograph sein (aus Berufung zu den traditionellen Kulturen hingezogen) und zugleich (aus Freundschaft zu denjenigen, die wie sel-
tene Insekten oder Pflanzen zu studieren man abgelehnt hat) ungeduldig
darauf, sie endlich so stark gewappnet zu sehen, daß sie sich Gehör verschaf-
fen können, und darauf, nach Möglichkeit selber dazu beizutragen? Wie soll
man, den Rassismus bekämpfend und bemüht, aus sich selbst noch die klein-
sten Spuren dieser heimtückischen Krankheit zu vertreiben – wie soll man,
aller, auch positiver Vorurteile gegen Andersfarbige ledig, nicht in Bedrängnis geraten, wenn man erkennt, daß es auch bei ihnen Widerlinge gibt, die
man in ihre Schranken verweisen muß, und hielten sie einen für noch so
rassistisch? Wie soll man sich, wenn man an die Notwendigkeit einer Revolution glaubt (und wäre es nur, weil es gerecht ist, daß die sogenannten Eli-
ten, die Klassen- oder Rasseneliten, von ihrem Dünkel herunterkommen) –
wie soll man sich da für Vorher und Nachher eine Organisation vorstellen,
die mit aller erforderlichen Wirksamkeit funktioniert, ohne daß die Freiheit
der Personen dem richtigen Lauf des Mechanismus geopfert wird? So setzt
sich derjenige, der sich aus Haß gegen die Trägheit auf das eine oder andere

dieser Gebiete hinauswagt, mancherlei Kümmernissen und Irrungen, womöglich mancherlei Versinken aus.«
Leiris 1977b: 249f.

»Mein Leben, von mir selbst« *Michel Leiris, 1928*

I
Das Auge des Dichters und des Ethnographen

1. Der Schatten des Stierhornes

Michel Leiris ist Ethnologe, Dichter und Essayist. In seinen ethnologischen Arbeiten beschreibt und analysiert er außereuropäische Kulturen, in seinen Romanen seine eigene Welt, in seinen Künstler-Portraits Dichter, Musiker, Maler des 20. Jahrhunderts. Zugleich wurde kaum einer so oft wie er von Malern portraitiert. So zeichnete er mit den Mitteln des Essayisten die Konturen des Werkes von Picasso, Francis Bacon, Joan Miró oder André Masson, und sie zeichneten ihn als Freund und als Typus der Avantgarde.

Michel Leiris wird am 20. April 1901 als drittes Kind wohlhabender Eltern geboren. (Er stirbt am 30. 9. 1990 in Paris.) Trotz seiner vorwiegend musischen Leidenschaften beginnt er ein Chemiestudium, bevor er erste Gedichte und Texte schreibt; seine früheste Veröffentlichung ist eine poetische Skizze zu einer Zeichnung von Masson »Désert de mains« (Händewüste), 1924 in der kleinen, von Jouhandeau und Supervielle herausgegebenen Zeitschrift *Intentions*. Im gleichen Jahr macht er durch Max Jacob – der erste Schriftsteller, den Leiris kennenlernte und den er von Anfang an als einen »Dichter im wahren Sinne des Wortes« verstand – die Bekanntschaft des Malers André Masson, den er später in *Mannesalter* als seinen Mentor bezeichnet[1]. Nach einer Ausstellung von Masson nimmt Breton mit dem kleinen Freundeskreis Kontakt auf. »...ich bin Surrealist gewesen und habe von 1924 bis 1928 die Manifeste mitunterzeichnet. Ich verdanke dem sehr viel, und in gewisser Weise halte ich mich immer noch für einen Surrealisten...« (Leiris 1978: 277)

Ebenfalls 1924 lernt Leiris Georges Bataille kennen, der sich aber der surrealistischen Bewegung aktiv nicht anschließt – 1925 nimmt ihn Leiris die ersten Male mit in Massons »dostojewskisches« Atelier – und der sich überhaupt nur mit der Präsentation einer Auswahl von »Fatrasien«[2] (ohne die Nennung seines Namens) an der Zeitschrift *La Révolution surréaliste* beteiligt. In den Jahren um 1929–30 – als er

Generalsekretär der Zeitschrift *Documents* war – galt er geradezu als Knotenpunkt des Dissens; andrerseits arbeitete er, aufgrund gegenseitiger Wertschätzung, durchaus auch literarisch und politisch mit Breton und Eluard zusammen (etwa in *Minotaure* und in der antifaschistischen Bewegung *Contre-Attaque*), ohne aber je seine Distanz zur Gruppe aufgegeben zu haben.

Leiris lernt Bataille als jungen Angestellten der Bibliothèque Nationale kennen, bewundert seine Gelehrsamkeit und seine Extravaganz:

»Ich weiß nicht mehr, zu welcher Jahreszeit wir uns trafen, aber sicher nicht im Sommer, denn ich glaube mich zu erinnern, daß Bataille einen grauen Filzhut und dazu einen Überzieher mit schwarzweißem Fischgrätenmuster trug.

Sehr schnell freundete ich mich mit Georges Bataille an, der etwas älter war als ich. Ich bewunderte nicht allein seine Bildung, die viel weiter gespannt und vielfältiger war als die meine, sondern seinen nonkonformistischen Geist, geprägt vom damals allerdings noch nicht so bezeichneten »schwarzen Humor«. Ich war gleichfalls empfänglich für das Äußere seiner Person, die – eher mager und mit einer zugleich ins Jahrhundert passenden und romantischen Allüre – eine (damals natürlich noch jugendlichere und weniger diskrete) Eleganz besaß, die er nie verlieren sollte, auch dann noch nicht, als sein schwerfällig gewordenes Auftreten ihm jenes etwas bäurische Aussehen verliehen hatte, das die meisten an ihm gekannt haben: eine ganz in der Tiefe gründende Eleganz, die ohne Entfaltung eines besonderen äußeren Aufwandes in der Kleidung zutage trat. Zu seinen recht engstehenden und tiefliegenden Augen, erfüllt vom ganzen Blau des Himmels, kam ein seltsames Gebiß wie von einem Waldtier hinzu, das ein von mir (vielleicht zu Unrecht) für sarkastisch gehaltenes Lachen oft entblößte.« *Leiris 1978: 67*

1926 heiratete Leiris Louise Kahnweiler – die später die berühmte Galerie Kahnweiler übernehmen wird und sie als Galerie Louise Leiris weiterführt –, reist im selben Jahr nach Ägypten, wo er seinen Freund Georges Limbour wiederfindet (eine Reise, die er später in dem Band *Fibrillen* »eine Flucht im Reinzustand« nennen wird). 1925 trennt er sich zusammen mit Georges Bataille und anderen von Breton. Im selben Jahr noch beginnt er eine Psychoanalyse, die er mit der Beteiligung an der Expedition »Dakar–Djibouti« 1931 abbricht.

Leiris' poetische Laufbahn, die er sich im Sinne Max Jacobs und

Georges Limbours als Vagabundieren und als Integration der Poesie in das Leben vorstellt, beginnt 1925/27 mit den Texten *Simulacre, Le Point cardinal, Grande Fuite de neige* und *Aurora.*

Grande Fuite de neige (Große Schneeflucht) war Robert Desnos gewidmet, einer der Surrealisten, mit denen Leiris am engsten befreundet war und den er wegen seines »surrealistischen Lebens« liebte. 1975 erzählte Leiris:

»Wenn Desnos mit Freunden z. B. in einem Café, in einer lärmenden Umgebung zusammensaß und es ihm danach zumute war, schloß er die Augen und begann zu improvisieren. Der improvisierte Text war im allgemeinen von sehr großer Schönheit und poetischer Dichte. Desnos war auch einer von denen, die sich in der direkten körperlichen Aktion am meisten engagierten. Sehr mutig bei Demonstrationen und draufgängerisch bei Handgemengen, zudem begabt mit einer Fähigkeit zur Improvisation und zu schlagfertigen Antworten, stürzte er den Gegner unfehlbar in Verwirrung. Im freundschaftlichen Umgang war er brüderlich. Und er, der so leidenschaftlich die Freiheit liebte, konnte von den Lebensumständen der Besatzungszeit nur empört sein. Sein Mut während der Résistance und dann sein tragischer Tod sind bekannt.« *Leiris 1978: 278*

Der Künstler, der aktiv in politisches und alltägliches Geschehen eingreift und die revolutionäre Bewegung mit vorbereitet und begleitet, sind in diesen Jahren Themen, die Leiris in den verschiedensten Zusammenhängen aufgreift und sein Leben lang verfolgen wird. »Alle wahre Dichtung ist von der Revolution nicht zu trennen« – so beendet Leiris (1978: 51) 1926 einen kurzen Text über Rimbaud. Dieses Bekenntnis ist geprägt von der Reflexion der Differenz von Revolution und Revolte und der Problematisierung dessen, was Kunst bewirken kann:

»Ich wüßte kaum, was Dichtung überhaupt sein könnte, wenn sie nicht der Ausdruck der grundsätzlichen Revolte eines Individuums gegen die absurden Gesetze des Universums wäre, in das es sich – ganz gegen seinen Willen – hineingeworfen sieht.« *ebd.: 49*

Aber die Revolte mit literarischen Mitteln findet ihre Begrenzung in den Konventionen der Sprache, einem der erdrückendsten und festgelegtesten Systeme. Der »Zugriff des Dichters auf das Universum« erweist sich deswegen als illusorisch und lächerlich.

»Lebt er in einer Zeit oder in einem Land, wo er noch an die Kraft der Magie glauben kann, so wird er Hexenmeister oder Schwarzkünstler werden und einen Pakt schließen mit den höllischen Mächten, um der irdischen Welt seine Herrschaft aufzuzwingen.«

Verwehrt ihm die »Aufgeklärtheit« seiner Zeit eine solche »Lösung«, wird er sich gegen die Gesetze der Gesellschaft, deren Sklave er ist, wenden. Solange er dies in individueller Revolte tut, gibt er sich einer Utopie hin, denn er wird selbst

»fatalerweise von den Gesetzen zerbrochen, ohne daß er auch nur im geringsten ihre Starrheit hätte antasten können.

Wenn er dann die individuelle Revolte aufgibt, weil ihm klar geworden ist, daß sie nur zu seiner eigenen Zerstörung führen kann, ohne daß er an der Welt auch nur das geringste verändert, d. h. zerstört hätte, dann wird er sich der sozialen Revolution zuwenden, dem einzigen wirksamen Weg, seine Revolte zum Tragen zu bringen, dem einzigen Mittel der Umwertung der Werte. Er wird verstehen, zu welcher Umwälzung des Universums er zumindest in seiner Sphäre beitragen kann, wenn er sich der unterdrückten Mehrheit anschließt in ihrem unerbittlichen Kampf gegen die Minderheit von Unterdrückern. Ob diese Umwälzung nun im Bezug auf das absolute Ganze beträchtlich ist oder nicht, sie ist jedenfalls die größtmögliche, die einem Menschen zu realisieren gegeben ist, und dies reicht aus, um dem Gefühl der Revolte hierin konkrete Gestalt zu geben. Wo es vorher vage und abstrakt sein mochte, wird es jetzt präzise und greifbar werden: fähig eine Falte wenigstens im Antlitz der Welt zu verändern.

Allein die Revolution kann uns von der schändlichen toten Last des Überlebten befreien. Eine vollständige Erneuerung der Beziehungen der Menschen untereinander muß aus ihr erwachsen. Das ganze alte, faulende Gerüst des zeitgenössischen Denkens wird durch sie zum Einsturz gebracht werden. Gründe genug, meine ich, mehr als genug, damit jeder wirkliche Dichter sich ihr mit Leib und Seele verschreibt.« *ebd.: 50f.*

Das ist der ideelle Hintergrund, vor dem Leiris 1927–31 seine Arbeiten zur Magie und Alchemie schreibt.

In diesen Jahren erscheinen von ihm keine literarischen Arbeiten; 1931–33 ist er in Afrika, 1933–36 veröffentlicht er außer dem Tagebuch *L'Afrique fantôme* nur Rezensionen und Essays zur Ethnologie, vor allem zu Magie und Schamanismus. Das 1936 erscheinende lange Gedicht *La Néréide de la Mer rouge* und der autobiographische Text *L'Age d'homme* (1939) wurden in der Zeit zwischen 1930 und 1935 geschrieben. In dem Gedicht versucht Leiris die ethnographische Erfahrung poetisch zu artikulieren, in dem später verfaßten Vorwort zu *L'Age d'homme* erläutert er rückblickend seine Vorstellung von Dichtung:

»…ist das, was auf dem Gebiete der Schriftstellerei vor sich geht, nicht jeden Wertes bar, wenn es ›ästhetisch‹ bleibt, harmlos und straffrei? Wenn es in dem Vorgang, ein Werk zu schreiben, nicht etwas gibt, das (und hier schiebt sich eines der dem Verfasser besonders teuren Bilder ein) etwas, das dem entspräche, was für den Stierkämpfer das spitze Horn des Stieres ist? Denn einzig und allein diese materielle Bedrohung verleiht seiner Kunst eine menschliche Realität und bewahrt sie davor, nichts weiter zu sein als eitle Grazie einer Ballerina.

Gewisse Anfechtungen seelischer oder sexueller Art bloßzulegen, gewisse Schwächen und Verzagtheiten, deren er sich am meisten schämt, öffentlich zu bekennen, darin bestand für den Verfasser das Mittel – ein grobes, gewiß, aber er gibt es an andere weiter, in der Hoffnung, es verbessert zu sehen –, wenigstens den Schatten eines Stierhornes in ein literarisches Werk hineinzubringen.« *Leiris 1939: 8*

Das ist Maßstab seiner eigenen Dichtung und Stachel seines Interesses an der Dichtung anderer. Es ist Angelpunkt seiner lebenslangen Selbstanalyse und seiner kontinuierlichen interpretatorischen Arbeit. In einem nur fragmentarisch erhalten gebliebenen Brief an Marcel Jouhandeau von 1933 beschreibt er dies auch noch auf andere Weise:

»Mein Vertrauen in bestimmte Formen der Offenbarung, einfacher gesagt: in die Dichtung, habe ich nie aufgegeben. Daß mir diese Quelle versiegt schien, ist der Grund für meine Verzweiflung in der letzten Zeit.

Meinem Prinzip getreu habe ich aber keinen Schmu machen wollen, das heißt, ich habe nicht versucht, sie künstlich wieder zu beleben. Denn eben weil ich eine sehr hohe Auffassung von der Dichtung habe, ist es mir absolut nicht möglich, sie als etwas anderes zu betrachten denn als Offenbarung, als tiefes Eintauchen in das Licht. Allerdings kann man das lediglich passiv erwarten und ersehnen. Vielleicht wirst Du mich noch besser verstehen, wenn ich Dir sage, daß wohl die Engel zu uns kommen, daß man sie aber nicht herbeirufen kann. Wenn wir rufen, kommen nur die Dämonen…« *Leiris 1981b: 9f.*

Dagegen als Künstler anzugehen, verlangt die »Anstrengung eines ganzen Lebens«, was Leiris auch immer an Mallarmé bewunderte. Der Leser, der sich darauf einläßt, wird zum Komplizen eines Abenteuers, das mit den Mitteln der Kunst die Quadratur des Kreises zu lösen versucht.

Leiris' wissenschaftliche und poetische Texte begehren den Leser, der Erfahrung machen möchte und für Transformationen zwischen Angeschautem, Erfaßtem, Gedachtem, Konzipiertem und Verworfenem offen ist. In Leiris' Entwurf setzt sich Anderes, das er aus Traditionen übernommen und das er an sich selbst erfahren hat, fort. Das Andere (der andere Mensch, die andere Kultur, das an sich selbst als Fremdheit, Leere oder Determinierung Erfahrene, die imaginär durchsetzte Identität) ist auch Teil allgemeiner symbolischer Ordnungen, die nicht zu vereinnahmen sind. Leiris' Arbeiten sind »Über-setzungen«, in dem Sinne, wie Jacques Lacan Freuds Rede vom »anderen Schauplatz« als dem Ort des Unbewußten aufgenommen hat: Wir haben nie das »Original«, immer nur Übersetzungen, die »Anderes« (aus Zwischenbereichen des Realen, des Symbolischen und Imaginären) sagen, oder wie es Leiris einmal formulierte: »Was man zu fassen bekommt, ist immer der Schatten und nicht die Beute.«

Das Auge des Ethnographen – erfahrend, konstruierend, begrenzt erfassend, entlang an »Berührungsmomenten«. In westlichen Zivilisationen ist das emotionale Übertragungsgeschehen reservierter, deutlicher aufgeteilt in partielle Identifizierungen und Distanzierungen, in Selbst- und Fremderfahrung. In der außereuropäischen Kultur ist dieses Geschehen diffuser. Das Auge sieht und wird gesehen, es sieht alles und nichts, versteht jede und keine Bewegung. In der ganz anderen Kultur ist der Ethnograph und Ethnologe der ganz Fremde und zugleich zu Hause. Er ist immer am anderen Ort, am anderen Schauplatz, er sieht Anderes.

Nach Friedrich Schlegel ist Genie zu haben der »natürliche Zustand des Menschen«, aber wie kommt man an sich heran, welche Impulse treffen, welcher Mut führt weiter?

Was von ethnographischen Erfahrungen zu vermitteln ist, ist eine *Struktur: Erkenntnis aus Anschauung*. Aber was bedeutet das, wenn man damit nicht Leben und Geschichte verbindet? Das »Auge des Ethnographen« soll diese Verbindung herstellen. Das Auge ist wie die Haut, die Fläche zwischen dem Ich und dem Anderen, in beiden vermittelt sich Angeschautes. Spätidealistisch formulierte J. G. Fichte: dem Sehen ist ein Auge eingesetzt. Über das Sehen kann man an sich und die Dinge herankommen.

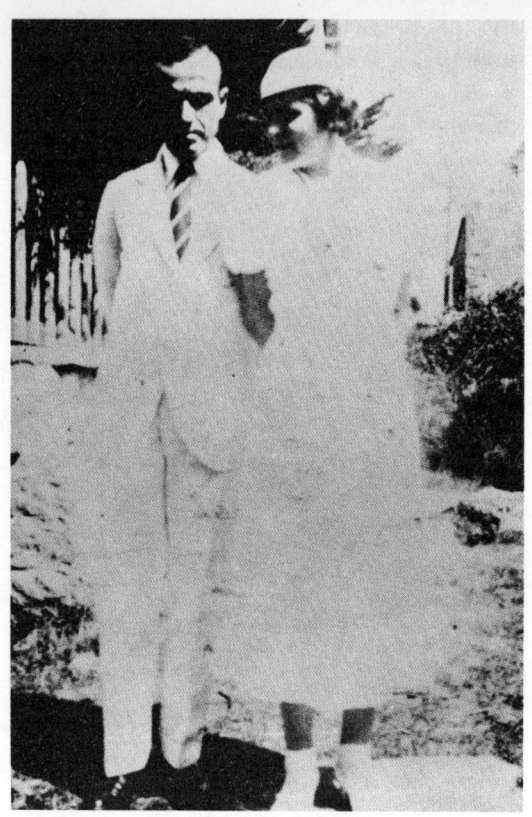

Louise und Michel Leiris in Kerrariot
(Dép. Côtes-du-Nord, 1934)

»... in gewisser Weise halte ich mich immer noch für einen Surrealisten.
Meine Methode ist ganz anders geworden. Das automatische Schreiben z. B.
kommt für mich heute nicht mehr in Frage. Meinen Träumen messe ich viel
weniger Bedeutung bei, als ich dies lange Zeit getan habe, aber alles in allem
verfolge ich doch in etwa noch dasselbe: das, was Breton – ich erinnere mich
nicht mehr an den genauen Wortlaut – als den Punkt bezeichnet hat, ›an dem
Leben und Tod ineinander übergehen müßten‹, den Ort, an dem alle Widersprüche ihre Auflösung fänden.«
Michel Leiris in einem Interview mit Madelaine Gobeil, zit. nach Leiris 1978: 277f.

André Masson (vorn), Michel Leiris (zweiter von vorn),
Roland Tual, Juan Gris, 1924

N° 4 — Première année   15 Juillet 1925

LA RÉVOLUTION SURRÉALISTE

ET   AU

GUERRE   TRAVAIL

SOMMAIRE

Pourquoi je prends la direction de la R. S. :
André Breton.

POÈMES :
Louis Aragon, Paul Éluard.

RÊVES :
Max Morise, Michel Leiris.

TEXTES SURRÉALISTES :
Philippe Soupault, Marcel Noll, Georges Malkine.

Les parasites voyagent : Benjamin Péret.

La baie de la faim : Robert Desnos.

Glossaire (*suite*) : Michel Leiris.

Nomenclature : Jacques-André Boiffard.

CHRONIQUES :
Fragments d'une conférence : Louis Aragon.

Le surréalisme et la peinture : André Breton.

Note sur la liberté : Louis Aragon.

Exposition Chirico : Max Morise.

Philosophies. L'étoile au front : Paul Éluard.

Correspondance.

ILLUSTRATIONS :
Giorgio de Chirico, Max Ernst, André Masson,

Joan Miro, Pablo Picasso, Man Ray, Pierre Roy, etc.

2. Leiris, die surrealistischen und antisurrealistischen Zeitschriften und Gruppierungen

Lenkt man den Blick von dem gegenwärtigen Interesse an neuen politischen und kulturellen Zeitschriften zurück, sind es die zwanziger, dreißiger Jahre, die die Zeitschrift als eine bedeutsame Form für politische und gesellschaftliche Analyse und Kritik, für Kunst und Wissenschaft stark machten. Die surrealistischen und antisurrealistischen Zeitschriften waren auch für Michel Leiris lange Zeit der wichtigste Diskussionszusammenhang.

Die Zeitschriften der Surrealisten sind ein Dokument ihrer künstlerischen Produktivität, ihrer wechselnden Gruppierungen und ihrer Beziehungen zu Politik, Gesellschaftstheorie und Wissenschaft. Die insgesamt zwölf Hefte (von 1924–29) der Zeitschrift *La Révolution surréaliste*[3] (herausgegeben von Pierre Naville und Benjamin Péret) spiegeln, nach Aragon, die Entwicklung der Moderne in dieser Zeit exemplarisch wider. Die in der ersten Nummer wegweisend ausgesprochene Bedeutung des Traums und speziell eines »Rausches des Traums« wird von Benjamin in seiner 1929 erschienenen Arbeit über den *Sürrealismus* kritisch, aber aus einem eigenen starken Interesse an der surrealistischen Tätigkeit heraus, aufgenommen. »Das Leben freischneiden« – dieser frühe Leitgedanke aus *La Révolution surréaliste* sollte, nach Benjamin, für die Revolution, in Abgrenzung von »anarchistischen Momenten«, brauchbar gemacht werden. »Nr. 1 von *La Révolution surréaliste* setzt sich durch ihren Reichtum, ihre Recherchier- und Experimentierlust, die revolutionäre ›Aura‹ von den letzten Nummern der [dadaistischen Zeitschrift] *Littérature* entschieden ab. Der letzte Duft des Dadaismus ist verflogen.« (M. Nadeau 1964: 59)

Bretons Solidaritätserklärung mit den streikenden Arbeitern und sein Aufruf gegen den Nihilismus, Aragons voreilige Polemik gegen die Marxisten der Revue *Clarté*, der Einsatz verschiedener Surrealisten für eine permanente und radikale Revolution, für Agitation, ja für die Katastrophe, für die absolute Freiheit, die Bejahung des Wahnsinns, der Verzweiflung und Mystik, die schrittweise Abkehr von Artauds Radikalität zu einer politisch eindeutigeren Position, zum Klassenkampf, zum Bündnis mit der Gruppe um die Zeitschrift *Clarté*, die eindeutig ablehnende Stellungnahme zum Kolonialkrieg in Marokko, zu jedem Kriegsdienst und zur Aufrüstung, die Forderung nach dialektischer Betrachtungsweise, der Eintritt vieler Surrealisten in die Kommunistische Partei Frankreichs – das sind in der Folge die entscheidenden Etappen, Utopien, Perspektiven und Lebens- bzw. Kunstmöglichkeiten, die die Zeitschrift *La Révolution surréaliste* bestimmen. In ihrer letzten Nummer schließlich: Bretons »Zweites Manifest« von 1929 (veröffentlicht 1930) mit blinden Vorwürfen gegen die von der Gruppe Abgefallenen – bei gleichzeitiger Rehabilitierung Tzaras – und der Einsatz für konkrete Politik. Treu geblieben waren Aragon, Buñuel, Dalí, Eluard u. a.; abgefallen bzw. in ihrer Eigenständigkeit neu bestärkt: Bataille, Leiris, Limbour, Desnos, Masson, Vitrac. Sie antworteten 1930 mit einer Gegenattacke, überschrieben »Un cadavre« – eine Leiche. Sie richteten sich vor allem gegen Breton (»ein Polizist«, »Pfaffe«, »Pseudokommunist«, »falscher Bruder« usw.), der »immer nur wie eine Hyäne von Aas und Kadavern gezehrt« hat (Leiris/Desnos).

Die Aufspaltung hat die Gründung von Bretons »Association« und Batailles »Cercle Communiste Démocratique« (mit der Zeitschrift *La Critique Sociale*) sowie einer anderen neuen Zeitschrift zur Folge: *Le Surréalisme au service de la Révolution* (Nr. 1–6, 1930–1933)[4]. Der von Breton und seinen Freunden proklamierte Surrealismus unterstellt sich jetzt deklamatorisch den Zielen der Revolution, speziell den in der UdSSR angestrebten; die Zeitschrift erscheint bis 1933, zuvor wurde Aragon aus der Gruppe und Breton aus der Kommunistischen Partei ausgeschlossen. Zusammen mit weiteren Ausschlüssen wird die »surrealistische Politik« vom Parteizwang befreit, das Ziel einer »Weltrevolution« bleibt bestehen[5].

Documents wird 1929 von Georges Bataille (zusammen mit Leiris und Carl Einstein[6]) gegründet. Leiris veröffentlicht in dieser ganz von Batailles »unkonformistischem Geist[7]« geprägten Zeitschrift zwischen 1929 und 1931 die meisten seiner Aufsätze[8]. 1933 entsteht eine neue Zeitschrift, die bis 1939 erscheint und – ebenso wie *Documents* über die surrealistischen Zeitschriften hinausgehend – eine neue Freiheit der Ästhetik und des Wissenschaftsverständnisses zeigt: *Minotaure*[9] (Herausgeber: E. Tériade, Verleger: A. Skira). Anstelle von Proklamationen und Manifesten stehen nun noch entschiedener der Essay und der Versuch interdisziplinärer Arbeit im Vordergrund. Exemplarisch ein Sonderheft über die große ethnologische Afrika-Expedition von Griaule, Leiris u. a. oder Jacques Lacans psychoanalytische Texte. Auch in der über den Surrealismus hinausweisenden Zeitschrift *Bifur*[10] hatte sich schon 1929 literarisch eine neue Konzeption angekündigt.

Bifur (herausgegeben von G. Ribement Dessaignes und Pierre G. Lévy) vereinigte vor allem offiziell ausgeschlossene Surrealisten sowie Expressionisten, Dadaisten und Schriftsteller wie Kafka oder Joyce, Sartre oder Nizan – nach Bretons Autoritätsurteil: »ein bemerkenswerter Abfalleimer«, darunter Männer, die er dennoch immer wieder zu seinen Mitarbeitern zählte. Die Konzeption war nicht durch eine Gruppe und nicht durch eine Stilrichtung bestimmt, sondern durch den Wunsch, die Breite des Lebens, das Maximum an Weltereignissen, das Konkrete zu präsentieren – in beständiger Bewegung und Dynamik. Der die Texte vereinende Angelpunkt war surrealistische Programmatik: falsche bzw. künstliche Unterscheidungen zwischen Leben und Tod, Realem und Imaginärem, Vergangenheit und Zukunft aufzulösen; außerdem die Absicht, weiterzukommen in dem Bemühen um interdisziplinäre Zusammenarbeit und um die Verbindung von Literatur, Malerei und Photographie[11].

Wichtige neuere Studien zum Surrealismus haben sich nicht mit gründlicher Aufarbeitung begnügt, sondern die im Surrealismus erkannten Perspektiven und Utopien – wie z. B. die Körperlichkeit der Kunst – in wissenschaftstheoretischen, literatur- und kunstwissenschaftlichen Analysen fortgeführt. Es geht nicht darum, das Potential surrealistischer Phantasie dekorativ auszuschmücken, sondern das darin ausgedrückte subversive Moment auf seine Realität und Realisierung hin zu erschließen.

Leiris war in seiner dichterischen Praxis und in seinem Leben Surrealist: er praktizierte die Grenzüberschreitungen und die Verausgabungen, die Revolte und die provokativen Auftritte[12]; später, in den Jahren um 1968, setzte er diese Lust auch politisch gezielt ein, für konkrete Veränderungen (vgl. Leiris 1978: 279ff.). Außer den bekannten surrealistischen Aktionen hat Claire Goll (1978: 125) in ihrer »Cronique scandaleuse« *Ich verzeihe keinem* auch noch andere Aktivitäten erinnert:

»Herausfordernde surrealistische Streiche waren an der Tagesordnung. Soupault klingelte zum Beispiel in einer Straße an sämtlichen Türen und fragte die Concierges, ob Monsieur Soupault dort wohne. Michel Leiris schlich sich an die Vespasiennes (die runden Pariser Pissoirs) und angelte mit der Stockkrücke nach den Beinen der Benutzer, die unweigerlich mit gespreizten Händen auf die nassen Fliesen fielen. Gegen den Surrealisten-Papst selbst durfte man sich allerdings nicht das geringste erlauben. Nur Dalí hat seine Irrenwitze konsequent durchgeführt und niemanden damit verschont, nicht einmal Breton.«

»Der Surrealismus ist nicht noch eine künstlerische Richtung mehr. Der Surrealismus stellt eine Revolution des Lebens und der Moral dar... Der Surrealismus ist wahnsinnig ansteckend. Achtung: ›Ich habe Surrealismus!‹« *Salvador Dalí*

Dalí hielt Hitler später für den größten Surrealisten – ein derartiger politischer Fehlgriff ist in seinen frühen Schriften nicht direkt als Entwicklungsmöglichkeit erkennbar, aber das proklamierte »gefährliche Phantasiegift« konnte sich so auf »Reales« projizieren. Kein Wunder, daß man sich in der Kritik nicht nur solche Äußerungen vornahm, sondern auch prinzipiell andere Kriterien für die Literatur herausarbeitete, exemplarisch das von Enzensberger 1962 verkündete Leitprinzip der Reflexion.

Daß durch die Negierung der Reflexion schon das »An sich des Unbewußten« zutage käme, hielt Adorno für Selbstbetrug. Das Revoltierende in der surrealistischen Auffassung war für ihn gerade Verdinglichung; nicht neu freigesetzte Subjektivität und Libido sah er in ihren Kunstgegenständen, sondern Stilleben, Fetische, »an die einmal Subjektives, Libido sich heftete«. Nicht das Unbewußte spräche sich hier so wie in der durch die Psychoanalyse gedachten Assoziation aus, sondern ein katastrophal schwach gewordenes Ich bringe Schocks hervor, Montagen des Diskontinuierlichen, Kindheitserfahrungen als Fixierung auf Partielles. Surrealismus wird hier gedacht als »Rückschlag in bloße Natur..., erstarrtes Erwachen«, aber auch als Korrektiv zur Sachlichkeit, in der allerdings viele Bereiche ausgespart blieben.

Antonin Artaud schrieb in einem erstmals 1971 publizierten Text über »Surrealismus und Revolution«:

»Der Surrealismus ist aus Verzweiflung und Abscheu entstanden... Weit mehr als eine literarische Bewegung ist er eine geistige Revolte gewesen, der Schrei der menschlichen Organe, das Aufbäumen des Seins in uns gegen allen Zwang. Und zuallererst gegen den Zwang des Vaters...

Doch das Geheimnisvolle am Surrealismus besteht darin, daß die Revolte von Anfang an ins Unbewußte versunken ist. Sie ist verborgene Mystik gewesen. Eine neue Art von Okkultismus, und wie jede verborgene Mystik hat sie sich allegorisch und mit Hilfe von Larven geäußert, die wie Poesie aussahen... Und wir Surrealisten hatten immer, überall das Bedürfnis, herauszutreten in eine Bewegung tödlicher Unzufriedenheit: daher diese Heftigkeit, die zu nichts führte, doch unterirdisch etwas zum Ausdruck brachte: eine Heftigkeit, die von der Manie, die Dinge klarzustellen, schließlich den Namen *Demoralisation* erhalten hat.

Weigerung und Heftigkeit.

Heftigkeit und Weigerung.

Diese beiden bezeichnenden Pole eines unmöglichen geistigen Zustands, einer rätselhaften Elektrizität weisen auf das Ungewöhnliche der damaligen Poesie hin, die keine Poesie im eigentlichen Sinne mehr war, sondern die magnetische Ausstrahlung eines Atems, eine Art bizarre Magie, die mitten unter uns hauste.« *Artaud 1964: 142f.*

Sich dem Unbewußten, dem Traum und der Assoziation zu öffnen, ganz andere »archaische« Ordnungen (aus denen heraus wir leben) zuzulassen, die Bereiche zwischen Bewußtem und Unbewußtem auszuprobieren – das ist eine für die Surrealisten fundamentale Erfahrung.

Jean-Paul Sartre nannte (in seinen heftigen Angriffen gegen den Surrealismus nach dem II. Weltkrieg) diese Bewegung eine Flucht in das Dickicht eines unbewußten Schreibens, einen Akt der Verantwortungslosigkeit, eine im Revoluzzertum sich erschöpfende folgenlose Kunst[13]. Sartre, einer von Leiris' engen Freunden, sah – unter dem Druck der politischen Ereignisse und des öffentlichen Elends – nicht die Bindung der Erkenntnis und Veränderung an das auch aus seiner Individualität und seinem Unbewußten revoltierende Subjekt, er verstand den Wunsch nach Entblößung, Überschreitung und Skandal nicht als einen Akt der Auflehnung, der sowohl in seiner Vereinzelung als auch in seiner Möglichkeit zur Solidarisierung

Kunst und Leben aufs engste miteinander verbindet. (Ob dieser Akt den Surrealisten »gelungen« ist, und ob sie nicht in vielem ganz dem Bürgertum verhaftet geblieben sind, das sie ablehnten, ob sie wirklich die Arbeiter erreichten – das ist damit natürlich noch nicht beantwortet.)

Nach dem II. Weltkrieg setzte sich eine Literatur durch, die gemessen und bescheiden vom hautnahen, bedrückenden äußeren Leben und den Erfahrungen der gewesenen Jahre sprach – bevor sie sich wieder anderen Bereichen zu öffnen begann. Dalí im Taucheranzug, der ihn fast erstickt, Soupault am Kronleuchter die Festtafel mit den Füßen abräumend, Leiris die Masse so provozierend, daß sie ihn fast lyncht, die Verulkung und Irreführung, die Beleidigung und existentielle Irritation – das wurde wieder möglich: im Happening oder in Nitschs Mysterienspielen und auch im politischen Geschehen (»Le rêve est réalité«).

Der künstlerische Ausdruck der Surrealisten konzentrierte sich auf Bereiche, die auch bis dahin immer Stoff und Hintergrund der Kunst waren, aber jetzt erstmals programmatisch herausgearbeitet wurden: das Seelenleben des Menschen, das Unbewußte, die Sexualität, der Traum, die Phantasie, die Assoziation. In der Frühzeit um 1920 definierte André Breton (1977: 26) den Surrealismus so:

»Reiner psychischer Automatismus, durch den man mündlich oder schriftlich oder auf jede andere Weise den wirklichen Ablauf des Denkens auszudrücken sucht. Denk-Diktat ohne jede Kontrolle durch die Vernunft, jenseits jeder ästhetischen oder ethischen Überlegung.«

Darin ist auch die Problematik ausgedrückt, die von Anfang in dieser künstlerischen Richtung beschlossen lag: es war der Wunsch und die Illusion, ganz von vorne, total und absolut zu beginnen. Mit allem brechen zu können, was vom reinen Denken bislang abhielt. Die Möglichkeit, in das nackte, ungeschminkte Gesicht, in das menschliche Wesen zu blicken – ohne Verstrickungen, Hilfsmittel, Umwege. Daraus entwickelte sich bei einigen Künstlern zeitweise eine Kunstauffassung, die von vielen Bedingtheiten künstlerischen Ausdrucks, von vielen Vermittlungsinstanzen und Prozessen zwischen Schreiben, Leben und Gesellschaft, Tradition, Subjektivität und Utopie absah. Diese von Breton und anderen auch »absoluter Surrealismus« genannte Position war in extremem Maße eine Poetologie für Künstler. Sie konnten und sie können darin die Weite und das Potential künstlerischen Ausdrucks sehen. Es ist ein Manifest des Künstlertums, ein Manifest der Empörung und Auflehnung, der völligen Umstülpung der Verhältnisse, einer Revolution, der allerdings der revolutionäre Stoff beständig äußerlich zu werden droht.

Der surrealistische Künstler ist der Prototyp des Künstlers, denn er setzt sich mit allem ein, was er ist. Oder wie Michel Leiris sagt: »Nur die totale Poesie ist große Poesie.« Diese Totalität war bei den Surrealisten oft eine undurchschaute und undurchschaubare Mischung aus subjektiven Erfahrungen und Wünschen sowie aus allgemeinen revolutionären Ideen und pathetisch vorgetragenen Idealen, aus Zauber und Magie. Für die Surrealisten hatte das Wunderbare und Magische einen großen Eigenwert, es war »immer schön« – ein Hinweis darauf, daß sie der psychoanalytischen Dimension: im oberflächlich Wunderbaren des Traum- und Tagesgeschehens auch das latent Grausame oder Erschütternde, das Abgründige und Zweifelhafte zu erforschen, doch nicht besonders verpflichtet waren. »Die symbolische Sprache des Unbewußten ist die einzige wirklich universelle Sprache« – das war die von Dalí und anderen formulierte Gemeinsamkeit mit der Psychoanalyse.

Sich zu wagen, die Chiffren des eigenen unbewußten und bewußten Lebens zu finden, die tabuisierten Bereiche im privaten und sozialen Leben teilweise aufzubrechen – das kann man von den Surrealisten als *Möglichkeit* mit allen *Begrenzungen* lernen. (Man denke auch an Bretons abstrakte Bewunderung des Wahnsinns und des Selbstmords als Manifestationen des Surrealismus – vor allem bei Nadja und dem »eigentlichen Erfinder des Surrealismus«, Jacques Vaché.)

Außer der »écriture automatique« (der automatischen Schreibweise, auch unter Hypnose vollzogen) und den Traumprotokollen hatten die Surrealisten auch die sogenannten »Cadavre-exquis-Spiele« entwickelt, bei denen die Teilnehmer den ihnen unbekannten Satz des Vorgängers fortsetzten. Analog verfuhr man auch in der Malerei.

Angesichts dieser Techniken und der Absicht, sie ebensowenig wie ihre Inhalte säuberlich voneinander zu trennen, kann man den Surrealismus, in den Worten von Gisela Steinwachs, als »Protest gegen Entmischung« bezeichnen. Im »Zweiten Manifest« von 1929 war es Breton allerdings nicht mehr auf Techniken angekommen, er definierte den Surrealismus viel allgemeiner als den Versuch, eine »Bewußtseinskrise« auslösen zu wollen. Unabhängig von gruppeninternen Querelen hat auch in Leiris' Schriften die Kunst die Funktion, eine »neue Zivilisation« und den »zukünftigen Menschen« zu unterstützen bzw. vorauszudenken. Mit seinen Freunden entwickelte er die Idee vom »ganzheitlichen Menschen« und der ganzheitlichen Erfassung des Menschen und seiner Gesellschaft. Ohne vorherige Abarbeitung des Morschen und Dekadenten, des Heruntergekommenen und Verfallenen in der Gesellschaft und im Bewußtsein seiner Träger war dabei natürlich nicht auszukommen. Was Antonin Artaud als »Manie, die Dinge klarzustellen« und als »verzweifelte Weigerung« hervorhob und worauf er die Forderung nach individueller Revolte gründete – gegen die bedingungslose Verbindung von Surrealismus und Kommunismus –, wendete Paul Nizan ins Allgemeine: Der Künstler habe die Aufgabe, sich dem revolutionären Proletariat zu verschreiben, die individuelle Weigerung und Negation dem revolutionären Kampf einzuordnen. Leiris wie auch Bataille scheinen immer der Meinung gewesen zu sein, beides praktizieren zu können – in der Umsetzung der »Wut in die Tat« (Bataille).

André Masson resümierte (in: *Critique* 1976: 767–772), sie hätten Marx und Lenin als wegweisend anerkannt, aber sie seien in erster Linie »Anarchisten«, »des rebelles toujours«, mit dem Glauben an die totale Freiheit und die Bedeutung der subjektiven Revolte (ohne Parteizugehörigkeit) gewesen. Artaud wandte sich gegen die parteilich organisierte Revolution mit dem Argument, subjektives Leiden sei unvergleichbar und würde von jedem anders erfahren; allein darüber könne er kommunizieren.

Im Vergleich zu den Künstlern, denen sich Leiris auch im Verlauf der folgenden Jahrzehnte verbunden fühlte (vor allem Bataille – mit ihm und Caillois gründete er 1937 das »Collège de Sociologie«), konnte er der surrealistischen Bewegung noch am meisten für seine weitere Arbeit abgewinnen. Dem entgegenzuwirken, was Bataille am Surrealismus tadelte: »trop d'emmerdeurs idéalistes«, sollte die Arbeit im »Collège« gewidmet sein.

3. Ethnologische Lehrjahre

Als Michel Leiris im »Collège de Sociologie« seinen Aufsatz über »Das Heilige im Alltagsleben« vortrug, tat er dies bereits als Ethnologe, der seine Sichtweise in die soziologisch neu definierte Arbeit an »Gegenstandsbeziehungen«, an wechselseitigen Beziehungen von Mensch und Gesellschaft, einbringt. Leiris strebte die Erfassung des »ganzen Menschen« an – ausgehend von der Erinnerung an die eigene Kindheit mit den ihr eigenen sinnlichen und sprachlichen Sensationen und dem, was im Verlauf des Lebens sich davon in der Wahrnehmung und Rede erhalten hat, was magisch, *heilig* geblieben ist und als Abweichung weiterlebt und was sich verschliffen hat – versunken bleibt oder in einer Assoziation wieder erinnert wird.

Das Heilige – wie Leiris (1977 c: 241) in einem Brief an Bataille sagt, möchte er es jedoch in der angestrebten neuen Soziologie nicht übermäßig exponieren – sei ein »subtil nuanciertes System des *distinguo*« (ebd.: 237), das von jedem mit dem ihm eigenen Eifer und der Aufrichtigkeit und Selbstbezogenheit, die er sich selbst zugesteht, zu erforschen sei.

In dem mit Bataille und Roger Caillois gemeinsam angestrebten »bedingungslosen Fragen« (auch bezüglich der Konflikte und Aktionen: der Dynamik in der eigenen Gruppe), in dem Versuch, die »*totale* Aktivität des Seins« zu erfassen – »ausgehend von gewissen seltenen, flüchtigen und heftigen Augenblicken«, von »Berührungsmomenten« –, sah Leiris eine Tätigkeit, die er einerseits in der Folge von Durkheim und Mauss [14] als Soziologie bestimmen wollte und für die er andrerseits eine wissenschaftlich nicht so festgelegte Kennzeichnung wünschte. In diesem Sinn schnitt er auch in seinem Aufsatz über das Heilige bereits mit dem ersten Satz jede allgemeine Diskussion ab: »Was ist für mich das *Heilige*? Oder genauer: worin besteht *mein* Heiliges?« (ebd.: 228) Die ausdrücklich so bezeichnete »sociologie sacrée« [15] wäre sicher von Leiris, Bataille, Caillois und den anderen Mitgliedern des »Collège« in den folgenden Jahren wissenschaftstheoretisch weiter diskutiert worden, hätte der Kriegsausbruch dem nicht ein Ende gesetzt. 1939 erschien noch eine gemeinsame, politisch etwas unbedarft wirkende Erklärung zur internationalen Krise, worin das »Collège« als eine nicht politische, sondern wissenschaftliche Organisation bezeichnet wird, verbunden mit der Hoffnung, es könne zu einem »Wirkungszentrum« werden [16].

Leiris' Ideal: der »totale Mensch« soll »derjenige sein, für den real und imaginär eins sind, der seine Zugehörigkeit zur Natur erkannt hat und die natürlichen Produktionen nicht mehr von den seinen getrennt sieht«. (1966a: 173) Leiris' Aufsatz über das Heilige markiert »den Anfang und Zielpunkt des ganzen Werkes... Er ist die ›Règle du jeu‹ im ganzen« [17]. Im Kontext seiner ethnologischen und ethnographischen Schriften nimmt er den vermittelnden Platz zwischen der Beschreibung der eigenen und der fremden Kultur ein, »un projet d'une sorte d'autoethnographie«. (Lejeune 1975: 9)

Für den *Schriftsteller* Michel Leiris, der sich von der surrealistischen Bewegung 1929 trennte, ohne deren psychologische und soziale Emanzipationschancen zu verschmähen, war die *Ethnologie* in der Folge seiner ersten, mit Marcel Griaule unternommenen Forschungsreise nach Afrika zum Beruf und Feld seines politischen Engagements geworden. Es blieb stets seine Absicht, die Kunst in ihren selbstaussagenden Möglichkeiten schreibend auszuprobieren und weiterzuentwickeln, sie wie Majakowski oder Nizan im Kontext revolutionärer Veränderung zu betrachten und diese Veränderung, als Auflehnung vor allem der sogenannten unterentwickelten Völker gegen Imperialismus und Kolonialismus zu begreifen, Formen der Unterdrückung, in die der Ethnograph insofern verstrickt ist, als er in seinem Auftreten, im Befragen, Vergleichen und Bewerten immer die herrschende kulturelle und politische Macht vertritt. Dem Psychoanalytiker vergleichbar ist er *offenkundig* mit seiner ganzen Person am Prozeß der Analyse beteiligt, und die Chance seiner Wissenschaft besteht darin, aus dieser Verstrickung ein Engagement gegen Unterdrückung und Diskriminierung, gegen Ethnozentrismus und Rassismus zu entwickeln.

»Ethnologie ist eine Wissenschaft, in der sich der Forscher vielleicht persönlicher verbürgt als in jeder anderen Wissenschaft.« (Leiris 1969c: 5) Dieses Wissenschaftsverständnis ist geprägt von der

Haltung des Surrealisten: dem Bewußtsein notwendiger Radikalität, der Revolution und Revolte in allem, der kompromißlosen Unzufriedenheit mit sich selbst und den anderen.

Leiris war als junger Dichter eher zufällig Ethnologe geworden, in dem Sinne, daß er sich plötzlich in der Situation des »Feld«-Forschers vorfand, ohne zuvor eine solche Tätigkeit als Praxis oder als Theorie auch nur im Ansatz reflektiert zu haben. Er *ist* unversehens Ethnologe und beginnt nachträglich sich die Voraussetzungen dafür zu erarbeiten.

Als seine Meister und Lehrer nennt er: Georges-Henri Rivière (»Promotor meiner Laufbahn als Afrikanist«), Marcel Griaule (»der meine erste Reise in das tropische Afrika initiierte«), Marcel Mauss und Paul Rivet (»die mir mit ihren Ratschlägen seit dem Beginn meiner ethnologischen Studien den Weg gewiesen haben«). (Leiris 1948 b: XXIV) Seine, Marcel Griaules, Germaine Dieterlens, Deborah Lifszycs und Denise Paulmes Forschungen stehen am Anfang der ethnologischen Erörterungen der Maskengesellschaft der Dogon. Ausgangspunkt war die Dakar–Djibouti-Expedition. Später beschreibt Leiris in *Fibrillen* (1991: 112) diese Reise als einen romantisch gefärbten »Aufbruch«, mit dem Bedürfnis, sich von allen Bindungen zu befreien.

»Zu der Vorstellung, mich freizukaufen, indem ich meine Rolle in einem Abenteuer übernahm, das den Teilnehmern gewisse männliche Tugenden abverlangte, gesellte sich jene, in mein Verderben zu rennen: ins Herz des schwarzen Kontinents vorzustoßen, wie ich es tun würde, mich mit seiner bald zu ausgedörrten, bald zu üppig wuchernden Wirklichkeit herumzuschlagen...«

Die nach der Veröffentlichung von Leiris' Tagebuch dieser Reise (*Phantom Afrika*) nahezu zerbrochene Freundschaft zu Griaule[18] bestimmte bis 1987 Leiris' Stellung am Musée de l'Homme: Er blieb ein vereinzelter, literarischer Außenseiter am Rande der institutsbestimmenden Aktivitäten[19]. Griaule litt immer auch an der engen Beziehung zwischen Leiris und Bataille (der übrigens von einem anderen »Lehrer« Leiris', von Alfred Métraux, entdeckt worden war).

1930 hatte Leiris seine erste selbständige (quasi) ethnographische Arbeit in der kurz zuvor von Bataille gegründeten Zeitschrift *Documents* publiziert: »L'Oeil de l'ethnographe«. Er zeichnet darin mit einigen

Strichen seinen Weg von der Begegnung mit Raymond Roussels[20] *Impressions d'Afrique* – einem Wort- und Sprachspiel, das das »wirkliche« Afrika nur als ein Assoziationselement verwendet – bis zur Zusammenarbeit mit Griaule. Er definierte hier erstmals die Ethnographie als eine Wissenschaft, die sich dadurch auszeichnet, daß sie sich nicht auf die Betrachtung des westlichen Menschen beschränkt, sondern vielmehr alle Zivilisationen zu berücksichtigen versucht und sie – trotz der Komplexität ihres Überbaus – auf die gleiche Stufe stellt. Sie ist die allgemeinste Wissenschaft vom Menschen; »ihr Arbeitsfeld ist die Totalität des Menschen, die sie in ihren wechselseitigen Beziehungen studiert«. Der Abbau des Ethnozentrismus, die Liebe zur »poetischen Konstruktion« (etwa Roussels), die (nicht ungetrübte) Lust am Reisen und die (ebenso gebrochene) Faszination durch die »Negerkunst« – das sind die bestimmenden Momente und Perspektiven, die Leiris' weitere Arbeit formten.

Von 1931 bis 1933 nahm Leiris an der ethnographischen und linguistischen Forschungsreise »Dakar–Djibouti«[21] teil, deren Funde und Ergebnisse in einem Sonderheft der Zeitschrift *Minotaure* vorgestellt wurden. Die darin von Leiris verfaßten Beiträge zeigen ihn als ethnographischen Arbeiter und Liebhaber afrikanischer Kunst, im Sinne einer »ethno-esthétique«, wie dies später Delange (Leiris 1967 c) formulierte. Um »diese Reise zu beschreiben, wie ich sie erlebt habe«, schrieb er ein Tagebuch, das er fast unverändert unter dem Titel *L'Afrique fantôme* (1934) publizierte.

»Meine ersten Eindrücke von Afrika gehen auf jene Zeit zurück, als ich mit begeistertem Interesse die Schriften Raymond Roussels las, den ich als einen Freund meiner Familie persönlich kannte, als ich von fernen Ländern und komplizierten Entdeckungen träumte und das Abenteuer der wirklichen Reise und das poetische Abenteuer, das schließlich auch nichts anderes ist, als eine – noch enttäuschendere und viel weniger reale – Reise, auf derselben Ebene sah... Ich meinerseits, der ich in dieser Reise [Dakar–Djibouti] nicht nur die beste Methode sehe, eine reale, lebendige Kenntnis zu erwerben, sondern mir von ihr auch die Erfüllung bestimmter Kindheitsträume erwarte, eine Möglichkeit zugleich, gegen das Altern und den Tod anzukämpfen, indem ich mich – um wenigstens imaginär dem Fluß der Zeit zu entgehen – rückhaltlos dem Raum anheimgebe und damit auch meine eigene, zeitlich beschränkte Person im konkreten Kontakt mit einer großen Anzahl anscheinend sehr verschiedener Menschen vergesse – ich würde mir wünschen

(auch wenn ich am Proselytentum kaum Gefallen finde), daß möglichst viele meiner künstlerisch oder literarisch tätigen Freunde, die in der Mehrzahl von letzten Endes rein ästhetischen Fragen in Anspruch genommen werden oder in sterilen Streitereien zwischen den einzelnen Gruppen befangen sind, denselben Weg einschlügen wie ich: daß sie reisen, und zwar nicht als Touristen (was heißt, ohne Herz zu reisen, ohne Augen und ohne Ohren), sondern als Ethnographen, und daß sie dabei in einem allgemeineren Sinne menschlich und offen genug wären, um ihre mittelmäßigen kleinen ›Manien der Weißen‹ (wie bestimmte Neger sagen) zu vergessen und auch das zu verlieren, was sie sich unter ihrer Identität als Intellektuelle vorstellen.«
Michel Leiris, Das Auge des Ethnographen, 1930, zit. nach Leiris 1978: 31–35

»Der Kontinent, den ich in der Zeit zwischen den beiden Kriegen durchquert habe, war bereits nicht mehr das heroische Afrika der Pioniere, und nicht einmal mehr jenes Afrika, das Joseph Conrads wunderbarer Erzählung Heart of Darkness [dt. Herz der Finsternis] zugrunde liegt, aber es unterschied sich doch auch wieder beträchtlich von dem Kontinent, den man heute aus seinem langen Schlaf erwachen und in Volksbewegungen wie dem Rassemblement Démocratique Africain seine Emanzipation betreiben sieht. Darin ist auch, so möchte ich glauben, der Grund dafür zu suchen, warum ich mich damals nur einem Phantom gegenüber sah.

Wahrscheinlich hätte ein so gut wie unbekanntes und noch unbezwungenes Afrika – falls ich es zu jener Zeit überhaupt gewagt hätte, mich ihm entgegenzustellen – mir Angst eingejagt und deshalb in meinen Augen auch eine größere Dichte gewonnen. Wahrscheinlich auch, daß ich eine weniger große Einsamkeit empfunden hätte, wenn ich Afrika heute, gegen Ende dieser Jahrhunderthälfte entdeckt hätte, d. h. ein Afrika, das in weiten Teilen von dem Konflikt zwischen dem ausbeuterischen Westen und einer Tag für Tag größer werdenden Zahl von farbigen Menschen, die nicht länger der Verdummung aufsitzen wollen, in Atem gehalten wird. Ich kann allerdings nicht leugnen, daß auch das Afrika vom Beginn des vorletzten Jahrzehnts seine eigene Realität besessen hat und daß ich also mir selbst und nicht Afrika die Schuld zuzuschreiben habe, wenn die menschlichen Probleme, die sich ja auch damals schon stellten, nur dann in mein Bewußtsein drangen, wenn sie den Charakter zum Himmel schreiender Ungerechtigkeiten annahmen – ohne mich deswegen aus meinem träumerischen Subjektivismus zu reißen.«
Michel Leiris, Vorwort zur Neuauflage von L'Afrique fantôme, Paris 1950, zitiert nach Leiris 1980c: 19 f.

»Schon nur mehr ein Phantom für mich im Jahre 1934, entzieht sich das Afrika von 1980 erst recht meinem Blick. Wären nicht dieses Tagebuch und einige andere Schriften, die aus jenem mehr noch geistigen als körperlichen Abenteuer hervorgegangen sind, meine erste Erfahrung Afrikas behielte für mich nur so wenig Realität, daß die Erinnerung daran nicht schwerer wöge als so mancher versunkene Traum, dem allein noch die Aufzeichnungen, die ich fast mein ganzes Leben über von meinen Träumen angefertigt habe, einen gewissen Zusammenhalt verleihen. Soll ich dies nun beklagen, wissend, daß Afrika mich nicht braucht, daß ich in einer immensen Illusion befangen war, wenn ich annahm, meine, des Europäers Reaktionen auf das, was der Kontinent mir von seinem Glanz und seinem Elend entdeckte, möchten zusammengenommen eine materielle Grundlage darstellen, um ein nützliches Zeugnis abzulegen?

Zu meinem Bedauern, immerhin, muß ich zugeben, daß ich nicht mehr daran glaube, meine Aussage könne eine (und sei es auch noch so geringfügige) Rolle in der Reflexion der wirklichen, leibhaftigen Menschen spielen, von denen die Zukunft Afrikas abhängt – dieses Afrika, dessen Völker seit meiner damaligen Reise den Weg hin zu ihrer Freiheit erst gerade beschritten haben.«

Michel Leiris, Vorbemerkung zur deutschen Ausgabe von Phantom Afrika, geschrieben im April 1980, in: Leiris 1980c: 17

Auf der Grundlage dieser und weiterer Afrika-Reisen und zahlreicher kleinerer Aufsätze erschienen 1948 und 1958 die breit angelegten Forschungen zur Geheimsprache der Dogon (in Mali) und zum Besessenheitskult in Äthiopien. Für diese ethnographische Detailarbeit versuchte Leiris in den Jahren seit etwa 1950 – 1955 machte er seine wichtigen Reisen in die Volksrepublik China und auf die Antillen, wo er sich mit Aimé Cesaire anfreundete – einen allgemeinen ethnologischen, politisch bewußten Kontext zu entwickeln: »L'Ethnographe devant le colonialisme« und »Race et civilisation«. 1958 unterstützte er die algerische FLN. Seit etwa 1968 nahm er auf dem Hintergrund neuerer Reisen (nach Martinique, Afrika und Kuba) diese Kolonialismus-Problematik im Zusammenhang der Diskussion um das Verhältnis von Zivilisation, Kunst und Revolution, von Kunst und Wissenschaft, wieder auf. Sympathisant des Mai 68 und Engagement für malische Gastarbeiter in Paris. Daneben publizierte er seine literarischen Arbeiten, vor allem die großangelegte Autobiographie *La Règle du jeu* (1948–1976). (1955 erhielt er den Prix des Critiques für *Fourbis*, den er nur zögernd annimmt.) Anders als bei seinem Freund Raymond Roussel haben für ihn die Reisen – bei gleichzeitiger Auseinandersetzung mit der imaginär verzerrten und touristisch verdorbenen Realität – insgesamt etwas erbracht. Sowohl die Vorstellung der Reise als auch tatächlich durchgeführte Reisen müssen, so Roussel oder Jules Verne[22], nicht der Erschließung neuer Räume dienen. Sie können gerade auch die eigene Abgeschlossenheit und Beziehungslosigkeit manifestieren. So glaubte Roussel, daß er auf Reisen für seine Bücher nichts gelernt habe, daß sie ihm vielmehr die hermetische Allmacht seiner Imagination bewiesen hätten.

Roussel – besessen von dem »in seinem Inneren abrollenden Panorama« – verschwand nach einem kurzen Aufenthalt in Peking in seinem Wagen, um nichts mehr von dem zu sehen, was so unvollständig und ichfremd sich vor ihm abspielte. »Hinter ihm schlossen sich wieder die Länder wie Lippen – für einen Augenblick geöffnet, für den Biß oder den Kuß.« (Leiris 1969b: 126, vgl. auch 1972b)

Michel Leiris (rechts) zusammen mit Malkam Ayyahou und Abbä Jérôme in Gondar (Äthiopien) 1932.

II
Die eigene und die fremde Kultur

1. Der Beobachter und sein Objekt

Michel Leiris' ethnologische Studien machen Dechiffrierangebote für die eigene und die fremde Kultur. Verstehen wir mehr vom Anderen und von anderem, verstehen wir mehr von uns – und umgekehrt. Der »umstandslose Ansatz« beim »Selbst« oder beim »Fremden« mißlingt. Wir konstruieren Modelle, um das uns »Nächste« und das uns »Fremdeste« begreifbar und veränderbar zu machen.

Der Ethnograph organisiert an dem Ort, an dem er sich zumindest für einige Monate niederläßt, eine Forschungs-Situation. Er stellt unter bestimmten Voraussetzungen und bestimmten Bedingungen Fragen an die Mitglieder des anderen Volkes und speziell an Informanten, die ihm als Vermittler dienen. Sein Verständnis entwickelt sich in gemeinsamer Lebenspraxis, in der er sich mit dem Fremden identifiziert und sich distanziert, Verhaltensmuster übernimmt, sich in Beziehungen einläßt und sich emotional und zum Zwecke der Erkenntnis absetzt. Die unbestimmten und nur schwer aufzuklärenden, aber immer konstitutiven Momente sind dabei Projektion, Verdrängung, Mystifizierung und Rationalisierung. Der über diese Prozesse aufgeklärte Ethnograph weiß um die Kommunikationssituation, in der er steht und die er zu reflektieren hat. Er muß sehen, inwieweit er Teilhaber sein kann, inwieweit er immer ausgeschlossen bleibt und dies auch nötig für Erkenntnis ist. Über Identifikationsmöglichkeiten, praktische Fähigkeiten und Sprache erschließt er sich den Zugang zur Gruppe und begründet so die gemeinsame Lebenspraxis auf Zeit. Er wird ein »reflektierter Mitspieler«, der von innen heraus die Lebenswelt, die soziale Ordnung und die Symbolik zu erschließen versucht (vgl. auch Wellmer 1969).

Die Chance einer an einer fremden Lebenswelt orientierten Untersuchung ist, daß sie nicht von vertrauten Bedingungen ausgeht, sondern auf einer Beobachtungssituation basiert, an der alles auffällig ist und in Frage gestellt wird. Das Erkenntnisinteresse kann erst gar nicht als »rein« verstanden werden, es ist lebensgeschichtlich und situativ »durchsetzt«; Verstehen ist ebenso auffällig szenisches, situatives Verstehen. Die Aufklärung der Motivationszusammenhänge ist von einer ganz anderen Bedeutung, als wenn man etwa für einige Monate in eine isolierte Neubausiedlung zieht, um dort Lebenspraxis zu studieren, wo die Macht der objektiven Sachverhalte den subjektiven Anteil des Beobachters zum Verschwinden bringen kann. Im Vergleich zur gemeinsamen Lebenspraxis, wie sie in der westlichen Welt nach Feierabend vollzogen wird und deren Beschreibung ein ähnliches Unternehmen wäre, profitiert eine solche ethnographische Arbeit von wissenschaftlicher und exotistischer Neugierde und einem Interesse an einem menschlichen Zusammenleben, wie es in unserer Welt zunehmend unmöglich gemacht wird – vielleicht eine »Sehnsucht nach der verlorenen Kontinuität«. (Bataille 1947 : 17)

Leiris nähert sich – außer in seinen mehr kulturpolitischen und humanwissenschaftlichen Aufsätzen – der fremden Kultur über die philologische Arbeit der Übersetzung, Zerlegung, Deutung: Das »soziologische Genie« des ethnographischen Beobachters wird, nach dem *Manuel d'Ethnographie* eines seiner Lehrer, Marcel Mauss, daran gemessen, wie es soziale Morphologie, Physiologie und allgemeine Phänomene in einem Studienplan zu organisieren weiß, wobei die Sprache ein »hervorragendes, aber sehr ungewisses Kriterium« für die Erfassung der anderen Kultur ist. (Mauss 1947 : 10–23) Leiris, offen für die Magie der Sprache[1], hat in seinen literarischen Arbeiten den Bezug zum Konkreten immer über die versuchte Erforschung seiner Person und in den ethnologischen Schriften über die angestrebte authentische Beschreibung der eigenen und der fremden Kultur behalten. Das Spiel mit dem Signifikanten hat sich nicht verselbständigt, losgelöst von Erfahrung und Beobachtung.

Leiris versucht, die »soziale Tatsache« und Lebenszusammenhänge über Beobachtungssituationen zu erfassen, die er als von seiner Sprache und seinem Körper, von Tradition und Artikulationsmöglichkeiten total abhängige begreift und als Teil der Analyse des Fremden versteht. Lenins Forderung von 1919 (vgl. Myrdal 1970): »unten [zu] beobachten«, wo am »Aufbau des neuen Lebens« gearbeitet wird, war für Leiris nie als »einfache Beobachtung« möglich.

Nach Devereux (1967) erreicht man die den Fakten kongruente

Einfachheit, indem man Komplexität »frontal angeht« und dabei »die Schwierigkeit *an sich* als fundamentales Datum« behandelt. Diese in der Gesamtheit der Schritte besser als perspektivisch zu bezeichnende Annäherung hat ihren Plan in einem »verallgemeinerten Bezugsrahmen für die Erforschung des Verhaltens«, der die unterschiedlichsten wissenschaftlichen, vorwissenschaftlichen und nichtwissenschaftlichen Konzeptionen vereinheitlicht und verzerrt einschließt. Das Interaktionsfeld zwischen Objekt und Beobachter ist bestimmt durch die Persönlichkeit des Beobachters (vor allem auch seine ethnische Zugehörigkeit und sein geschlechtsgebundenes Verhalten), durch das von ihm getroffene Arrangement und das Verhalten des Objekts. Strebt er danach, beim Experiment das Verhalten des Objekts möglichst einzuschränken bzw. auszuschalten, um die größtmögliche Objektivität zu erzielen, wehrt er nicht fremdes Verhalten an sich ab, sondern die Angst, die es in ihm erregt – sei es Magie und Ritual oder das Verhalten einer verstümmelten Ratte oder das eines »gestörten« Elektrons. Der Wunsch nach Kaschierung der Angst im Namen der Objektivität läßt Pseudomethodologien entstehen. Solange er Übertragung, Gegenübertragung und Angst nicht als elementare Daten seiner Wissenschaft verstanden hat, solange er nicht aufdeckt, was *an ihm* vorgeht, mißversteht er etwas als natürlich, das künstlich ist. Erst die Analyse der Gegenübertragung liefert die entscheidenden Daten der *Natur*erkenntnis in den Verhaltenswissenschaften; der Beobachter verrät mehr wissenschaftlich Auswertbares als das untersuchte Objekt. Damit rückt – ähnlich wie dies einige »Anti-Psychiater« innerhalb der Psychiatrie gefordert haben – der Tierpsychologe, Anthropologe oder Psychoanalytiker in das Blickfeld, anstelle der Ratte, des Primitiven oder des Patienten.

Wie weit dem Wissenschaftler solche Drehung von der Beobachtung zum Beobachter, solche Verkehrung des Maßstabs, was wirklich und was zufällig ist, was objektiv und was subjektiv ist, gelingt, bestimmt darüber, ob seine Forschung eher »experimentellmanipulativen« oder eher »aufgeklärt wissenschaftlichen« Charakter hat. Der Punkt, den er in dieser Bewegung erreicht hat, sein Standpunkt, bemißt sich daran, wann er die Interaktion und die ihm mitgeteilte Information abbricht. Seine Forschungsergebnisse bezeichnen den Punkt, an dem er sagt: »Und dies nehme ich wahr!«, und meint: »Dies ist alles, was ich ertragen kann!« Diese *Kategorie* der Erträglichkeit ist das alles bestimmende Moment verhaltenswissenschaftlicher und ethnographischer Forschung.

Jeder Bezugsrahmen und jede Technik ist angstmindernd und macht Geschehen erträglicher – was legitim ist. Erst die Ausbildung der Technik zum Abwehrmanöver, das sich als wertfreie Beobachtungssituation tarnt, wird zur entscheidenden Quelle von Irrtümern. Kultur- und persönlichkeitsbestimmte »Isolierungsstrategien« »entgiften« angsterregendes Material. Exemplarische Angsterreger sind: psychotische Erfahrungen, die der Wissenschaftler durch Einstufung als »unverständlich« oder »fremdartig« abwehren kann; die Belebtheit der Wesen, mit denen man experimentiert, die – behavioristisch – dadurch abgewehrt wird, daß man so tut, als seien sie unbelebt; die »Unbelebtheit der Materie«, der man – animistisch – Belebtheit zuspricht; Beschneidungs- und Subinzisionsriten, denen man durch »teilnehmende Beobachtung« begegnet usw. Das Verstehen geht jeweils so weit, wie das Geschehen in einen hineinreicht, und zeichnet sich, wissenschaftlich, durch den Grad der erreichten Sublimierung aus. Nur, ob man diese Bewegung auf das sich selbst denkende Denken oder auf das Unbewußte bezogen sieht, unterscheidet (transzendentale) Philosophie und Logik von Psychoanalyse und Ethnopsychoanalyse. In jedem Fall bleibt zu bestimmen, wo der jeweilige Forscher die Trennung zwischen dem Objekt und sich selbst, als Beobachter, ansetzt – dem entspricht sein Verständnis seines »Selbst-Modells«, also das, was er noch als innerhalb der Grenzen seines Selbst und was er als außerhalb versteht.

Der »Ethnotheoretiker« – der manchen heute als der fortgeschrittenste Anthropologe/Ethnologe erscheint (vgl. *Alltagswissen...* 1973:263ff.) – hat zwar von der sozialwissenschaftlichen Laboratoriumssituation und der naturwissenschaftlichen Positivierung des Beobachters Abstand genommen und sich dem Alltagsleben (in der Art, wie es von den autochthonen Mitgliedern der jeweiligen Kultur praktiziert und verstanden wird) zugewandt, aber er verliert dabei den Blick für die »soziale Tatsache« in ihrer phänomenalen Vielfalt und lebendigen Erfahrbarkeit, Analysierbarkeit. Auf ihn jedoch kommt es an.

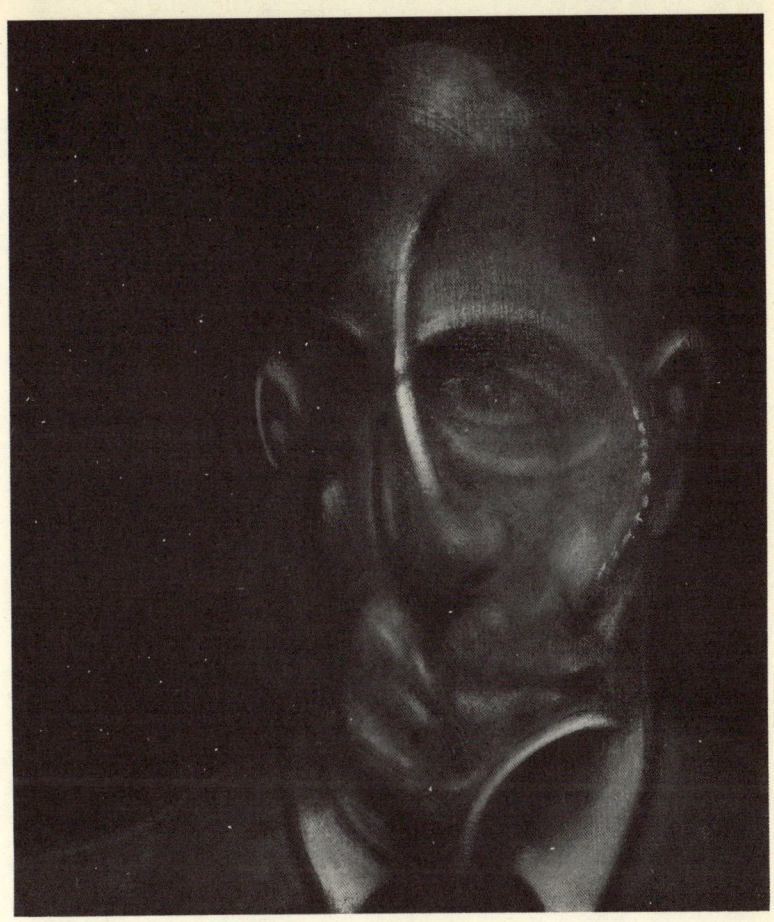

Francis Bacon:
Porträt von Michel Leiris, 1976

1941 in Picassos Atelier.
Michel Leiris vorne rechts, neben Sartre und Camus

Michel Leiris, 1948, bei einer Zeremonie mit einer Vaudou-Priesterin auf Haiti.

2. Kultur und Revolution oder »aktiver Humanismus«

> »Für mich zumindest können die traditionellen Fragen der Anthropologie nicht beantwortet werden durch ein starres Festhalten an dem einen oder anderen der emotiven, intellektuellen oder soziologischen Ansätze, denn irgendeinen davon abzulehnen heißt, einen Teil der Menschlichkeit des Menschen zu leugnen. Nichts Menschliches sollte der Wissenschaft vom Menschen fremd sein.«
>
> *Robin Fox 1967 : 237*

> »Die Kulturologie geht oft so vor, als existierten die Menschen in Wirklichkeit gar nicht.«
>
> *Georges Devereux 1967 : 115*

Leiris möchte Ethnologie (zusammen mit Soziologie) in den Dienst der Erkundung aller Reichtümer und Kapazitäten eines Volkes stellen. Diesem Ziel soll unter anderem die Ausarbeitung einer »lokalen Ethnographie« dienen:

> »...dem Volk seine eigenen und besonderen Fähigkeiten bewußt zu machen, wobei ihm diese seine Originalität nicht von mehr oder weniger herablassenden Ausländern zugestanden, sondern von den Angehörigen des eigenen Volkes entdeckt wird; das Volk von seinem eventuellen Minderwertigkeitskomplex zu befreien sowie von der Neigung, die eigene Kultur im Vergleich zu der von den Kolonisatoren übernommenen, die mehr oder weniger zur Kultur der herrschenden Klasse geworden ist, zu unterschätzen...«
> *Leiris 1977 c : 122*

Dies ist ein Aspekt des Versuchs, einen »revolutionären Gesamtzusammenhang« und eine »gesamtheitliche Kultur« zu erarbeiten, wie dies Leiris 1968 bei einem Kongreß in Havanna skizzierte.

Er hatte hier, acht Jahre nach der kubanischen Revolution, ein offenbar uneingeschränktes Vertrauen in eine neue Zivilisation, die entsprechend einem humanitären, auf Ausgleich zielenden Prinzip und unter bestmöglicher Nutzung der materiellen und kulturellen Ressourcen im Sinne der Völker politisch, wirtschaftlich und kulturell handeln könnte. Er glaubte an die reale Chance der »unterentwickelten« Länder, den Kampf in der Weltwirtschaft aufzunehmen, und daran, daß die westliche Forschung beginnen könnte, prospektive (und, falls nötig, improvisatorische) Forschung zu betreiben, daß die Ethnographen bereit wären, sich den konkreten Anforderungen der revolutionären Bewegung zu unterwerfen. Der Beitrag der Künstler, die sich in den Dienst der Revolution und einer »kommunistischen Zivilisation« stellten, sollte in der Unterstützung und Vorausdeutung des »zukünftigen integralen Menschen« bestehen. (ebd.: 122 ff.) Leiris verstand diese Kunst als eine zugleich gesellschaftlich relevante, authentische und experimentelle Kunst, für deren Möglichkeit er sich etwa auf Picasso, Kafka, Bataille und Majakowski berief und für die er auch seinen eigenen Beitrag zu leisten versuchte. In diesem Verständnis einer sich stetig ausbreitenden Revolution, einer gesamtheitlichen (alle Errungenschaften in sich vereinigenden) Kultur und einer praktisch wirksamen und wegweisenden Kunst, hat Leiris eine Idee wieder aufgenommen, die er und seine Freunde seit den 20er Jahren zu formulieren versuchten: die Idee vom »ganzheitlichen Menschen« und der ganzheitlichen Erfassung des Menschen und seiner Gesellschaft.[2]

So wie sich Leiris in seinem literarischen Werk ganz der sprachlichen Erschließung des Konkreten aus seinen Erfahrungsmöglichkeiten widmete – »indem ich subjektiv schreibe, vermehre ich den Wert meiner Aussagen« (1934a : 213) –, verfolgte er als Ethnologe immer einen »aktiven Humanismus« (1969c : 130), zu dessen Ausarbeitung er vor allem mit Alfred Métraux kooperierte.

Métraux hatte 1950 – während seiner ausgedehnten Studien über Schamanismus – den Rassismus als »eine der beunruhigendsten Äußerungen innerhalb der weltweiten Umwälzung« bezeichnet, eine Äußerung, die durch wissenschaftliche Forschung z. T. noch untermauert würde. Leiris nahm in seinem von Métraux[3] angeregten Aufsatz »Rasse und Zivilisation« – publiziert in der Unesco-Reihe, in der ein Jahr später auch Lévi-Strauss' Arbeit »Rasse und Geschichte« erschien – diese Perspektive auf und führte sie in zweierlei Hinsicht weiter: Die Emanzipationsbestrebungen der sogenannten unterentwickelten Völker schaffen eine politische, wirtschaftliche und kulturelle Konkurrenzsituation – z. T. imaginiert und irrational forciert –, die sich als geeignet erweist, den Rassismus geradezu wieder herauszufordern; die Wissenschaft unterwirft sich in manchen

Teilen dieser Situation, obwohl es keine hinreichenden Klassifikationsmuster für eine Rassen-Geschichte gibt – Leiris expliziert dies sehr breit – und »Rasse« besser durch den Begriff der Kultur bzw. Zivilisation ersetzt würde. Gebraucht man aber »Rasse« als einen, höchstens biologisch haltbaren Begriff – brauchbar in einer physischen Anthropologie –, dann löst sich die gesamte, im Ethnozentrismus[4] evozierte Aura dieses Begriffs auf: nämlich die Vorstellung von einer angeborenen Überlegenheit, der Glaube daran, daß man sich nur sich selbst verdankt und aufgerufen ist, anderen eine zivilisatorische Mission angedeihen zu lassen.

Die Ausbreitung des rassistischen Vorurteils ist jüngeren Datums: Es etabliert sich in der rassistischen Ideologie zu der Zeit, als das Ideal der Demokratie aufkommt, und legitimiert die weltweite kolonialistische Ausbeutung. Leiris' Aufsatz »Rasse und Zivilisation« ist ein Manifest gegen das Vorurteil und seine historischen und kulturellen Folgen, eine im Ansatz ethnopsychoanalytische, -psychiatrische und sozialpsychologische Untersuchung, die es sich zur Aufgabe machte, eine Hierarchie der Zivilisation für Vergangenheit und Zukunft als ideologisch zu decouvrieren, die Gesamtheit von Wissenschaft, Kultur und Technologie als das Produkt aller herauszustellen.

Leiris definiert hier den Menschen allgemein als »kulturbegabtes Wesen«, dessen Kultur auch immer eine des sozialen »Erbes« und »Milieus« sei und ihn, soweit wir das rekonstruieren können, zu allen Zeiten bestimmt habe. Der »Naturmensch« ist ein Produkt exotischer Phantasie (1977c:89ff.) oder, so Lévi-Strauss (1957:17): »Alles was nicht der Norm entspricht, nach der man selber lebt, wird aus der Kultur in den Bereich der Natur verwiesen.« Bei einer kulturvergleichenden und historischen Analyse zeigt sich ebenso, daß keine Rasse von sich aus an eine bestimmte Kultur gebunden ist; daß kulturelle Veränderungen nicht mit solchen der Rasse zusammenhängen und daß das Rassenvorurteil »weder ererbt noch spontan entstanden (ist); es ist nichts als ein Vorurteil, d. h. ein nicht objektiv, sondern kulturell begründetes Werturteil«. (Leiris 1977c:118) Leiris ist auch hier der mit utopischen Entwürfen operierende Humanist, der ein z. T. allgemein bekanntes Bildungsrepertoire ausbreitet – aber immer mit der Absicht, den Ethnozentrismus (gleich welcher Ausprägung) zu widerlegen, in einer möglichst nicht intellektualistisch verbrämten und verschlüsselten Darstellungsweise. (Dabei werden manche Begriffe sehr unspezifisch gebraucht, z. B. der der Revolution, andere Begriffe und Perspektiven, wie die der Körpersprache und Körpertechnik, verheißungsvoll angedeutet.[5])

Leiris' Aufsätze »Rasse und Zivilisation«, »Ethnographie und Kolonialismus«, »Kulturelle Aspekte der Revolution« und »Contacts de civilisations en Martinique et en Guadeloupe« (mit einer Vornotiz von Métraux) sind vier Beispiele für einen »aktiven Humanismus«, der sich auf das (wenn auch zuweilen stark vereinfachende) Bekenntnis zu einer grundlegenden Bewußtseinsveränderung aller stützt. Die gegenwärtige Situation etwa in den »unterentwickelten« Ländern Afrikas hat freilich die Hoffnung auf eine revolutionäre Entwicklung stark erschüttert.[6]

Was Leiris in seinem Havanna-Vortrag politisch konkretisierte, hatte er 1950 in dem (in *Les Temps modernes*[7] publizierten) Aufsatz »Ethnographie und Kolonialismus« in wissenschaftsgeschichtlicher Aufarbeitung vorbereitet. Angesichts der kolonialistischen Vergangenheit ethnographischer Arbeit und der Möglichkeiten einer Emanzipation der unterentwickelten oder nicht-mechanisierten Gesellschaften von der fremden Macht und von einzelnen Eingriffen (wie denen des westlichen Wissenschaftlers und Technikers), formulierte Leiris auch hier sein Ideal einer »menschlichen Zivilisation«, die sich aus der »Emanzipationsbewegung des Volkes« ergeben sollte. Es schien ihm, mit Blick auf die damalige Entwicklung in China, möglich, daß eine Zivilisation erarbeitet werden könnte, die auf gegenseitiger bestmöglicher Entwicklung und Achtung des jeweiligen ethnischen Wertsystems aufbaut – unterstützt von einer (von innen und außen) zu leistenden »intellektuellen Ausrüstung« und einer »freien Kulturentwicklung« der »unterentwickelten« Völker. Der Ethnograph könnte dazu beitragen, indem er seine Aufgabe darin sähe, jenseits von Bevormundung, Paternalismus und jenseits einer dem entsprechenden Konservierung alter Kulturen (und damit des politisch-unterdrückten Status quo), die Entwicklung eines politischen, kulturellen und sozialen Selbstbewußtseins der Völker an der Leistungs-»Peripherie« zu unterstützen.[8] Dem sollte auch eine breite, den Intellektuellenkreis sprengende Publikationsarbeit dienen. Das Arbeitsfeld des Ethnographen sollte die im Laufe der Zeit sich verringernde Spannweite von anachronistischen bis zu kolonialisierten und halb-kolonialen Völkern (einschließlich der jeweils dort lebenden Weißen) umfassen. Dabei müsse auch die Untersuchung des *Alltagslebens* eine große Rolle spielen – eine grundlegende Perspektive auch für die von Leiris sehr geschätzten Arbeiten Jan Myrdals über China.

In der Einleitung zu den 1969 erschienenen *Cinq études d'ethnologie* fand Leiris für sein Programm auch die kurze Formel: »Liquider l'ethnocentrisme«. Aus der Zeit, bevor diese Sichtweise zum Thema eigenständiger Analysen wurde (vgl. Leclerc 1972), ist vor allem Claude Lévi-Strauss' Engagement bekannt: für eine lokale Ethnographie und – ohne damit die koloniale Vergangenheit verschleiern zu wollen – für die Entwicklung eines Austausches der Ethnographen verschiedener Kulturen. Das erbringe eine perspektivenreichere Forschung und könne den Status des »Wilden«, den wir als »Studienobjekt« »beobachten«, radikal verändern. Natürlich könne und solle damit nicht verdeckt werden, daß der Abneigung der »Wilden« gegen die zivilisierten Feldforscher ein tiefbegründeter Haß auf die Kolonisatoren und deren Agenten zugrunde liegt und daß wir weiterhin für sie nie »die Rolle von ›Wilden‹ spielen können«. Aber:

»Unsere Wissenschaft würde möglicherweise wieder Boden gewinnen, wenn afrikanische oder melanesische Ethnologen, im Austausch gegen die Freiheit, die sie uns zugestehen, zu uns kämen und hier dasselbe täten wie wir früher bei ihnen.« *Lévi-Strauss 1961:9ff.; vgl. auch Leiris 1977c:67ff.*

Noch eine andere historische Wandlung zwingt die Anthropologen und Ethnologen zur Veränderung ihrer durch die kolonialistische Vergangenheit geprägten Einstellung: Die sogenannten archaischen, traditionalen oder primitiven Gesellschaften gliedern sich der sogenannten zivilisierten Welt ein. Gesellschaftsform, Kultur und prägende Sozialisation vereinheitlichen sich. Die Herausbildung universaler Gesellschaften, Kulturen und Wirtschaftsformen fordert von der Anthropologie, daß sie ihr Gesichtsfeld erweitert, will sie sich nicht in dem Maße, wie die primitiven Völker als geschlossene autonome Gebilde (und damit als klassische Studien*objekte*) verschwinden, selbst aufgeben. Nach einem Vergleich von Lévi-Strauss steht speziell der Ethnograph dem Verfall alter Kulturen wie der Astronom den sich von uns entfernenden Sternen gegenüber, deren schwindende Lichtkraft er mit Hilfe von elektronischen Verstärkern auszugleichen sucht. So wird die Anthropologie der Zukunft einerseits feinere Beobachtungsmethoden entwickeln müssen, um das »einmalige und unersetzliche Experiment, das in einer tausendjährigen Geschichte vorbereitet worden ist«, doch noch auszuwerten, und sie wird sich andrerseits mehr der zivilisierten Welt und den ihr eingegliederten fremden Bestandteilen zuwenden. Die Anthropologie

»hätte ihre Rolle nur ausgespielt, wenn eine Kultur möglich wäre, in der alle Menschen, wo sie auch wohnen würden, welcher Art ihr Leben, ihre Erziehung, ihre Beschäftigungen, ihr Alter, ihr Glauben, ihre Sympathien und Antipathien auch wären, ihren Mitmenschen vollkommen durchsichtig und verständlich wären«. *Lévi-Strauss, ebd.*

Die zivilisierte Welt wird in ihren Kultur- und Wirtschaftsformen von Mechanismen, Strukturen und Modellen bestimmt, die zu einem Teil in ihr selbst nicht zu erforschen sind, da sie verdeckt und verzerrt sind. Dazu ist der Blick in die archivierte Vergangenheit und die »Feld«-Forschung (in fremder Kultur) notwendig. Die Rekonstruktion dieser Bereiche ist eine Aufgabe, die die Ethnologie jetzt in ihrer ökonomisch und soziologisch orientierten Forschung neu zu lösen hofft.

»Keine Humanwissenschaft, sei dies die Archäologie oder die Geschichte, die Anthropologie oder die Soziologie, die Demographie oder die Sozialpsychologie, kommt darum herum, die Frage nach den Beziehungen zwischen Ökonomie, Gesellschaft und Geschichte zu stellen und Antworten darauf zu geben, die wohlgemerkt jeweils spezifisch sein müssen.« *Godelier 1973 : 24*

Welche Gesetzmäßigkeiten bestimmen den Zusammenhang, in dem wir leben, in Staat, Kultur, Familie? Welche Strukturen, in die wir lebenspraktisch und ideologisch in unsere Gesellschaft verstrickt sind, können wir nur im Blick auf andere Gesellschaftsformen erkennen? Und wie wirkt sich unsere ökonomische und soziale Ordnung tatsächlich auf die ökonomischen und sozialen Verhältnisse in den nicht-industrialisierten Ländern an der Leistungs-»Peripherie« aus? Die moderne Ethnologie hat mehr als andere Disziplinen der Human- und Sozialwissenschaften um ihr Daseinsrecht zu kämpfen, und sie tut dies zunehmend im Rekurs auf ökonomische und soziologische Analysen, wobei sie riskiert, Bereiche wie etwa Kunst und Mythologie, Sprache und Verwandtschaftsstrukturen zu vernachlässigen, unterschiedliche Positionen (wie die von ökonomischer und strukturaler Anthropologie) dogmatisch gegenseitig auszugrenzen.

Sowohl in der Durkheim-Schule als auch in der deutschen Ethnologie Ende des 19. Jahrhunderts und Anfang des 20. Jahrhunderts (Kohler, Bastian, Cunow u. a.) betrieb und beachtete man ökonomische und soziologische Analyse, aber man hatte auch einen originären Blick für Phänomene wie Magie oder Besessenheit, und man näherte sich ihnen in phänomenologischer, erfahrungsmäßiger oder narrativer Deskription. Der Forscher mühte sich mehr ab – mit sich und dem Fremden. So auch Leiris. Dieses persönliche Engagement kann als Legitimation gelten für *Authentizität* – oder wenn diese in fremder Kultur sich behaupten soll – für *Exotismus*, den die »fortgeschrittene« Wissenschaft ablehnt. Leiris (1934a : 226) erlaubt es sich, den I. Teil seines Afrika-Tagebuchs, nach elf Reise-Monaten, mit dem, für manchen Leser sicher pathetisch klingenden Satz abzuschließen: »Eines wie langen Weges hat es bedurft, um endlich an der Schwelle des Exotismus zu stehen.«

Wenn wir den *Exotismus* in der Ethnologie heute neben einer Disziplin wie der ökonomischen Anthropologie verteidigen wollen – wozu es einige Gründe gibt, die nicht mit denen der Touristik- und Reklame-*Exotik* zu verwechseln sind –, müssen wir ihn in der Konstruktion unserer Modelle, in der Theoriebildung selbst durchsetzen.

Das Reisen kann dazu nur noch An-Trieb sein.

Michel Leiris (ungefähr 1922)
Zeichnung von André Masson

3. Geschichte und Chance der Ethnologie

>»Die Psychoanalyse und die Ethnologie haben in unserem Wissen einen privilegierten Platz inne..., weil sie an den Grenzen aller Erkenntnisse über den Menschen mit Sicherheit einen unerschöpflichen Schatz von Erfahrungen und Begriffen, aber vor allem ein ständiges Prinzip der Unruhe, des Infragestellens, der Kritik, des Bestreitens dessen bilden, was sonst hat als erworben gelten können.«
>
> *Michel Foucault 1966:447*

Der Ethnograph arbeitet mit Klassifikationsmustern, die er in seiner Kultur ausgebildet hat, und mit dem Wissen, das er von der fremden Kultur erworben hat, sowie mit den beobachtbaren Gegebenheiten und dem Geschehen. Er versucht, im Idealfall, seine kulturspezifischen Einstellungen und Beurteilungskriterien in ihrer verzerrenden Auswirkung so gering wie möglich zu halten, um die andere Kultur auch in ihrer Eigengesetzlichkeit zu beschreiben. Seine Forschung wird jedoch nicht in dem Maße objektiv, wie er sich als Teil der Beobachtungs- und Erkenntnissituation ignoriert, sondern in dem Maße, wie er diese Abhängigkeiten thematisiert, ausdrücklich mit in die Untersuchung einbezieht. Denn: er muß seine Werkzeuge der Wahrnehmung, des Denkens und der Sprache gebrauchen, und die sind nun einmal geprägt und wiederum prägend; und er ist Teil eines bestimmten gesellschaftlichen Systems mit einer historischen Vergangenheit, was vor allem auch die enge Beziehung zwischen Ethnographie und Kolonialismus betrifft. Die Entwicklung der Ethnographie, Ethnologie und Anthropologie ist verbunden mit den Entdeckungs- und Forschungsreisen vom 15. bis zum 18. Jahrhundert, mit der kolonialistischen Expansion und wissenschaftlichen Erkundung sowie missionarischen Besetzung fremder Völker und Länder[9].

Zugleich stellten die fremden Lebens-, Kultur- und Wirtschaftsformen eine gewaltige Herausforderung an Europa dar. Die erste Phase des Heraustretens aus der eigenen Kultur stand nicht im Zeichen der Aufklärung des Fremden, sondern im Zeichen des Mythos vom Wilden.

Die Anthropologie hatte bereits eine Vorgeschichte von einigen Jahrhunderten hinter sich, bevor sich eine methodologische und wissenschaftstheoretische Kontroverse auch bezüglich ethnographischer Arbeit Ende des 19. Jahrhunderts entwickelte. Wie Lévi-Strauss (1973 : 42–62) schreibt, hätte sich die Ethnologie schon Mitte des 16. Jahrhunderts, nach Jean de Lérys Rückkehr aus Brasilien, ausbilden können; es vergingen dann aber noch einmal rund 200 Jahre, bis Rousseau den »ersten Traktat der allgemeinen Ethnologie« schrieb, und es dauerte noch rund weitere 150 Jahre, bis Emile Durkheim und Marcel Mauss ihre generelle Ablehnung der damals vorliegenden ethnographischen Texte aufgeben konnten: Als Durkheim Ende des 19. Jahrhunderts *Les Règles de la méthode sociologique* schrieb, stellte er mißtrauisch die »wirren und flüchtigen Beobachtungen von Reisenden« den »präzisen Texten der Geschichte« gegenüber. Die in der Einleitung zu *Les Formes élémentaires de la vie religieuse* (1912) zum Ausdruck kommende Aussöhnung mit der Ethnographie beruht nicht auf einer veränderten Haltung ihr gegenüber, sondern darauf, daß sich inzwischen eine Ethnographie allererst entwickelt hatte.

Uns gelingt es heute nur noch partiell, eine Zeit zu vergegenwärtigen, in der sich auf einmal völlig neue Räume erschlossen, in die man sich mit seiner ganzen Kultur ausbreitete, die man kolonisierte, d. h. realpolitisch und mit der eigenen Phantasie besetzte.

Die gesamte Reiseliteratur vor der Französischen Revolution versteht man, nach einem Wort von J. Poirier, als »Prähistorie der Ethnologie«, wobei die Einschätzung dieser Vorgeschichte zwischen *Hochschätzung* (als grundlegender Vorarbeit) und *Geringschätzung* (als der Ethnologie vorausgehend) schwankt. Die Reiselust und die Expansion – auch die koloniale – sind der sich entwickelnden Ethnologie zugehörig; die Formulierungen aus der Anschauung, die phantastische Ausschmückung und die Systematisierungsversuche waren erste notwendige Erprobungen des Spielraums ethnologischer Forschung. So wie die Schreckbilder-Utopien von Wells, Huxley oder Orwell die frühen Glücks-Utopien ersetzten, so ist an die Stelle der frühen ethnologischen Berichte unser gegenwärtiges Wissen über die Situation in den »Eingeborenengesellschaften« getreten. Das Bild einer geschlossenen, intakten Sozialstruktur ist dem Bild der Auflösung, Degenerierung und des Schreckens gewichen.

Die Zerfallserscheinungen sind auf die Ausbeutung, auf die von Reisenden, Kolonisatoren und Missionaren eingeschleppten Krankheiten (gegen die der »Eingeborene« ohne Abwehrkräfte ist und die er nicht mehr zu behandeln versteht) sowie auf die Zerstörung des demographischen Gefüges – des symbolisch und sozial begründeten Stammeslebens – zurückzuführen. Nun hat man oft die Illusion, dieser Prozeß beginne sich erst in den letzten Jahrzehnten abzuzeichnen, noch sei die Erde voll von Schlupfwinkeln »Eingeborener«; die Presse berichtet von Wilden, von Menschenfressern und steinzeitlichen Kulturen. In Wahrheit gibt es keinen Stamm mehr, der völlig beziehungslos und weltabgeschlossen existierte. Es sind skandalös inszenierte Nachrichten über Völker, die schon im nächsten Reiseangebot als folkloristisches Sonderangebot auftauchen, oder aber über einzelne Menschen, die sich noch einmal vor dem Zugriff der Zivilisation retten konnten.

Über den »vage humanitären Schleier« (Leiris 1977 c : 53), den die Kolonialmächte über die Profitsicherung zu legen vermochten, hat man einen weiteren neokolonialistischen Schleier der touristischen Wilden-Hilfe ausgebreitet.

Der Kolonialismus hat sich verändert und neue Formen angenommen, die von Leiris noch nicht untersucht werden konnten: Seine Reflexionen beziehen sich auf die allgemeine Erkenntnis, daß der Ethnograph mit dem Faktum des Kolonialismus aufs engste verknüpft ist und daß seine »Objektivität« eine andere sein muß als die des Insektenforschers (»der voller Neugierde sich bekämpfende oder gegenseitig auffressende Insekten betrachtet«): bei einer ethnographischen Untersuchung beobachten wir immer »unsere Nächsten«. Die »reine Wissenschaft« Ethnologie ist in jedem Fall ein Mythos, die Kulturenhierarchie eine ihr korrespondierende Ideologie (ebd.: 54 ff.).

Leiris: »Es ist kindisch, die Kultur hierarchisieren zu wollen.« Der Kolonialismus und Imperialismus – eine kindische Angelegenheit? Aimé Césaire gab in seinem 1955 geschriebenen *Discours sur le colonialisme*, in dem er die Unfähigkeit der westlichen Zivilisation, sowohl das Problem des Kolonialismus als auch das des Proletariats zu lösen, herausarbeitete, Erläuterungen für diese Betrachtungsweise und weiterführende Hinweise: Wir müssen zugeben, sentlichen eine libidinös determinierte, eine sexuell bedeutende ist. Auf die Erklärungskonzepte der Psychoanalyse verweist Leiris (1978: 254 f.) auch direkt:

»Wenn diese auf die Sexualität bezügliche große Wahrheit so lange verschmäht wurde, nachdem die Alten sie deutlich vorausgeahnt hatten, so liegt das an jenem engstirnigen Rationalismus, der in den letzten Jahrhunderten die Vorherrschaft besaß und sich darauf versteifte, den Einfluß der ›niederen Teile‹ auf das Denken zu leugnen, um gegen das vorzubauen, was ihm als ein Attentat gegen die menschliche Würde erschien.«

Gegen diesen Intellektualismus besitzt der Okkultismus eine »unwillkürliche Kraft des Protestes«, eine poetische und »menschliche« Bedeutung, die wie ein Stachel auf die »alte Hochstaplerin« Abstraktion einwirken sollte, solange diese »uns glauben machen möchte, ihre rigide Schwere bekunde... auch ihre Absolutheit, während diese doch nichts anderes ist als das Symptom ihres Gebrechens« (ebd.: 255).

3. Die Maske und der Fetisch

zu Dogon

In der Nachbildung, in der Maske, geht man gestärkt gegen das Böse vor. Nach Baudelaire bringt die Maske den Menschen »einem göttlichen, höheren Wesen näher«. Bei den Surrealisten ist diese Nähe blasphemisch und erotisch besetzt. Die psychosexuelle und ästhetische Komplexität der Maskierung (vornehmlich in den Ledermasken) ist nach Pierre Molinier »ausgesprochen surrealistisch«. Neben der ästhetischen Attraktion wurde die ethnologische Interpretation der Masken von Leiris und einem Teil seiner Freunde zur Zeit des Surrealismus und später wahrgenommen und weitergeführt. Die Maskengesellschaft der Dogon war ihnen dabei das herausragende Anschauungsmaterial.

Bei den Dogon in Westafrika war die erste Maske ein »großes Holz« in der Form einer Schlange – angefertigt, um die Dogon von den unheilvollen Folgen des Todes zu befreien: In der Maske ist die freigewordene Lebenskraft des Verstorbenen aufgenommen und seiner Seele der Weg in die Reihe der Ahnen gebahnt[3]. In der männlichen »Gesellschaft der Masken« strukturiert sich die Dogon-Sozietät von den Eingeweihten her (»die es gelernt haben, mit dem Tod umzugehen«) immer wieder neu. »Die Dogon sagen: Man macht für die Toten ein fröhliches Fest.«[4] Andrerseits betont Leiris, daß bei den Dogon die rituellen Tänze als wichtige und verdienstvolle Pflichten, als Arbeit (an der Kontinuität und Zukunft der Gesellschaft) angesehen werden; sein Informant meinte, im Vergleich zu den Praktiken des Islam bringe die Dogon-Religion »viel Ermüdung« mit sich. Für die Dogon besteht – das ist der Kern für den Begriff der Arbeit, wie ihn Leiris zu entfalten versucht[5] – kein wesentlicher Unterschied zwischen der Feldarbeit und dem Maskentanz; »schöne« Tänzer setzen gesellschaftsfördernde Kräfte in Bewegung. Die Schönheit der Masken, die religiöse Wirksamkeit, die für die Herstellung der Masken aufgewendete Arbeit und die Arbeit des Tanzens gehören bei den Dogon aufs engste zusammen. (Leiris 1978: 202 f.)

Berichte über Dämonenmasken, Tanzmasken, Gesichtsmasken und Tiermasken auf Melanesien, auf den Neuen Hebriden oder in Südamerika betonen, daß die Maske bzw. der Maskenträger selbst das dargestellte Wesen *ist*, das Anlegen einer »Hülle« bewirkt die Verwandlung, nach Maßgabe der entsprechenden Maskenform.[6]

Initiationsfeiern (Sterben und Neugeborenwerden) und Totenfeiern sind – neben alltäglichen Situationen, in denen Riten und Maskentänze zur glücklichen Beeinflussung der Jagd, der Fischerei, der Aussaat und Ernte, von Not, Bedrängnis und Krankheit oder eines Kampfes und allgemein einer Krise durchgeführt werden – die »klassischen« Orte für Masken in außereuropäischen Kulturen. Die Masken stellen nicht nur dar, sie *sind* Geister oder Wesen, sie enthüllen. Die Totengeister umfassen das Spektrum von den einzelnen Verstorbenen über die Ahnenreihe bis zur Dämonologie. Die in den Masken verkörperten Geister haben oft auch ein doppeltes Gesicht, deren einer Teil ein Mensch bzw. das Erinnerungsbild des Verstorbenen ist und deren anderer Teil Tier-Ahnen, Fruchtbarkeitsdämonen, Wasser- und Windgeister, Baum- und Sternenwesen usw. sind.

»Die primitiven Masken sind... als Seelen-Masken charakterisiert... Allgemeinem Totenglauben entsprechend sind sie rachsüchtig, böse und geil; sie töten, schlagen und heischen, sie hüten die bestehende Ordnung durch Strafe und Rüge. Das ganze Treiben, das beim Spieler wie beim Zuschauer tiefliegende Bedürfnisse befriedigt, kann man als eine Sühnezeremonie gegenüber den Toten bezeichnen; es gewährleistet Glück und Gedeihen auf allen Gebieten des Lebens. Die Masken nehmen Verehrung und Opfer entgegen und schenken dafür, oft mit symbolischen Gaben, Glück und Fruchtbarkeit. Vielerorts haben sie sich zur Justizmaske, zum Kinderschreck und zur komischen Person entwickelt; vielerorts ist auch aus ihrem Treiben ein Drama hervorgegangen.«[7]

Das Beschwörende, das Naive und Ungestüme der Masken oder aber auch ihr zuweilen profaner Charakter, ihre Möglichkeiten, in einer Krise einzugreifen, zu beleben, zu erschrecken und zu versöhnen, in einem Ausdruck so viel Verschiedenes zu sein, Kultur und Natur, Gaukelei und Todernst – die Unmöglichkeit, eine Maske, ebensowenig wie einen Mythos, für sich und durch sich alleine deuten zu können.

»Und da sich an jeden Maskentypus Mythen knüpfen, die den Zweck haben, seinen legendären oder übernatürlichen Ursprung zu erklären sowie seine Rolle im Ritual, in der Ökonomie und in der Gesellschaft zu begründen, [so können wir gemäß unserer Mythenanalyse] zwischen den Gründungsmythen jedes Maskentypus Transformationsbeziehungen nachweisen..., die denen entsprechen, die in rein plastischer Hinsicht zwischen den eigentlichen Masken vorherrschen.«[8]

Die Maske evoziert Fremdheit, die erotisch, magisch oder religiös besetzt ist. Die Maske ist ein libidinös besetzter Teil, ein Fetisch. In der Fetischisierung wird der Teil als das Ganze genommen – man könnte behaupten, daß nicht der Fetischismus die Ideologie ist, sondern die Ganzheits-Sexualität. Denn die lustvolle Entfaltung des eigenen Körpers am anderen Körper verläuft nicht plump übers Ganze, sondern entlang einzelner Körperteile, in denen man sich findet, die man fühlt, anfaßt, verläßt, von denen man weitergeht zu anderen und zu anderem. Nur der fetischisierte Körper ist der begehrte Körper, der auch sein Begehren entfalten kann. Keine Lust, ohne den Teil für das Ganze zu nehmen. In der Fetischisierung ist eine Freiheit der Lustmöglichkeiten – das Rauschhafte, Momentane, Rückhaltlose und auch Lächerlich-Komische zu genießen; deren Verweigerung ist immer die Angst, das Ganze zu verfehlen, sich zu verlieren, das Vereinzelte überzubewerten, es ist letztlich die Unerfahrenheit mit dem eigenen Körper, der sich in der lustvollen Autoerotik ja auch fetischisiert.

Die Maske zeigt und verbirgt, gestaltet neu und verneint, ist erotisch und mystisch – unter den Verkleidungen die erregendste der Metamorphosen, die es dem Menschen erlaubt, »durch das Anlegen einer anderen Haut..., seine eigenen Grenzen zu durchbrechen«. (Leiris 1978: 259) Die Maske steht im Bereich zwischen eigener und fremder Kultur und zwischen Kunst, Leben und Magie.

Leiris nennt den fetischisierten Teil (z. B. die Maske) einmal eine »Quintessenz«, konzentrierter, ergreifender und von größerer Allgemeinheit als der in der Objektwelt eingegliederte Teil oder der je einzelne Mensch. Zum Beispiel ist die maskierte Frau »keine bestimmte Person mehr, sondern eine Frau *im allgemeinen*, die genausogut die ganze Natur, die ganze Außenwelt sein kann, welche wir auf diese Weise zu beherrschen vermögen. Nicht allein, daß sie unter dem Leder leidet, gequält und gedemütigt wird (was sicher unsere Machtwünsche und unsere fundamentale Grausamkeit befriedigt), ihr Kopf – das Zeichen ihrer Individualität und Intelligenz – wird zugleich verhöhnt und verleugnet.« (ebd.: 259f.)[9]

Der sie betrachtende Mann: ein satanischer, sadistischer und gotteslästernder Fremder; gefesselt an ihn und an einen »naturhaften und bestialischen Prozeß«, reduziert auf Lust evozierende Einzelteile, entfaltet sich am Körper der Frau – und nur in der Austauschbarkeit der Lustobjekte und Objektivierungen zwischen Mann und Frau entkommen wir der Ideologie patriarchalisch regulierten Enteignens –, entfaltet sich in diesem Fall am Körper der Frau eine Erotik, die ethische Bande zerreißt. Es ist auch eine Erotik, die in ihrer Totalisierung der Teile »Böses bannt« (Leiris).

»Schön wie die Kuh Hathor, richtet sich die maskierte Frau auf, oder wie ein Henker oder wie eine enthauptete Königin; und wie sie so aufrecht vor dem Partner steht, dessen Gesicht zum Antlitz seines Gottes geworden ist, bewundert er ihren, durch das fehlende Gesicht noch herrlicher gewordenen Körper, der sie zugleich wahrhaftiger und ungreifbarer werden läßt und sie allmählich in eine Art von abstraktem *Ding an sich* verwandelt, verführerisch und mysteriös – der höchste Rückstand, den man sowohl mit dem idealsten, als auch mit dem schäbigsten materiellen Wert belegen kann –, so rätselhaft und anziehend wie eine Sphinx oder eine Sirene: die große, universelle Matrix, der der alte Hegel, als er sie sich vorstellte als ›das Produkt des Gedankens, und zwar desjenigen Gedankens, der vom leeren Ich, das als Objekt diese leere Identität von sich selbst setzt, bis zur reinen Abstraktion zurückgeht‹, den Beinamen *caput mortuum* verlieh, einen Begriff, den er von den alten Alchemisten entlehnt hatte, die ihn auf jene Phase des Werkes anwandten, wo alles verdorben scheint und sich doch alles neu gebildet hat.«
ebd.: 262

Der Fetischismus – eine Perversion? 1908 hielt Fritz Wittels innerhalb der »Wiener Psychoanalytischen Vereinigung« einen Vortrag über »Sexuelle Perversion«. In der anschließenden Diskussion faßte Joachim zusammen: »Es sei fraglich, ob es überhaupt etwas anderes als Perversion gäbe. – Unter diesen Umständen könnte man als normalen Sexualverkehr wirklich, wie Wittels meint, nur den auffassen, wo unter Vermeidung aller Formalitäten das Sperma direkt in den Uterus gelangt. – Alles Liebesspiel müßte als Perversion aufgefaßt werden.« (In: H. Nunberg und E. Federn 1977: 54)

In der Ethnologie wird es, neben der systematischen und historischen Aufarbeitung bekannter Probleme (wie dem des Verhältnisses zwischen Ethnologie und Kolonialismus, zwischen lokaler Ethnographie der »Betroffenen« selbst und wissenschaftlicher Fremd-Ethnographie, zwischen dem »Gegenstand: fremde Kultur« und den lebendigen fremden Systemen) immer mehr darauf ankommen, die Subjektivität, das Imaginäre und Verzerrende im ethnologischen und ethnographischen Aneignungsprozeß zu bestimmen. »Normale Feldforschung« wäre eine, bei der unter Vermeidung alles Situativen die fremde Kultur direkt in den leeren Kopf des Forschers gelangte. Ethnologie, die sich darauf nicht verlassen kann, ist – in dem Sinne, wie das Wittels für die Sexualität ausführte – eine »Perversion«.

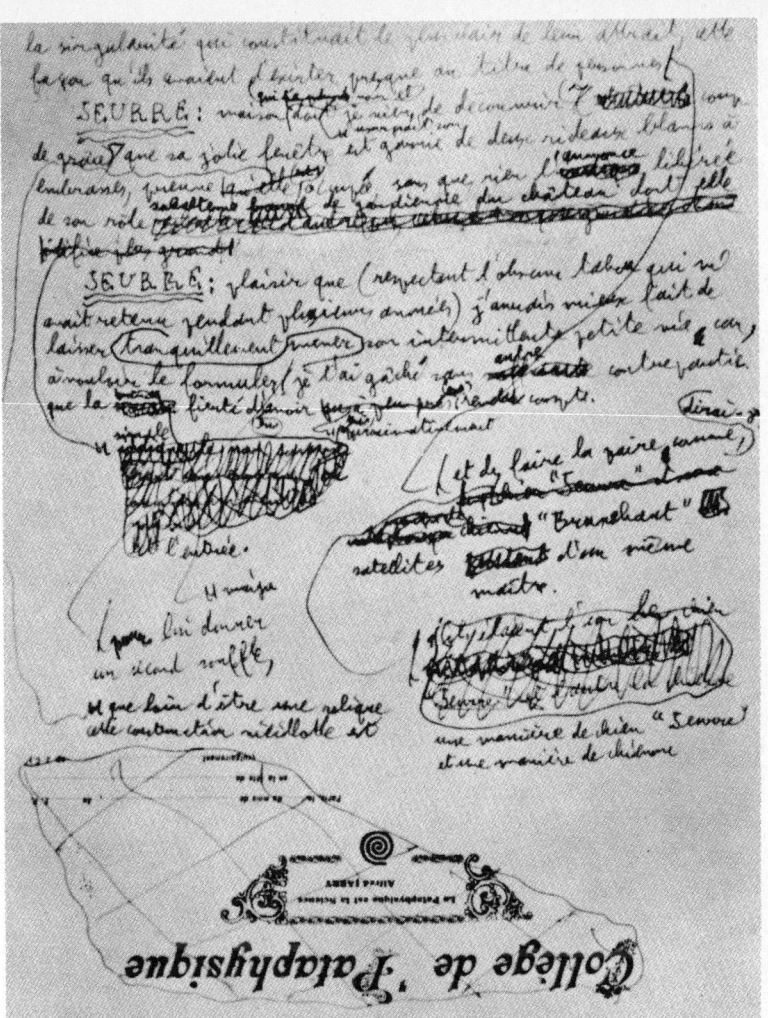

Entwurf für *Frêle bruit*, *La Règle du jeu*, Band IV.

IV
Poetische Konstruktionen

Michel Leiris hat sich mit der gleichen Beständigkeit, mit der er sein eigenes Leben analysiert und beschrieben hat, dem Leben und Werk einer Vielzahl seiner Zeitgenossen, seiner Freunde und Bekannten zugewendet. Seit den Jahren um 1925/30 sind so seine Künstlerportraits über die Dichter Max Jacob, Paul Eluard, Mallarmé, Baudelaire oder Raymond Queneau, über die Maler André Masson, Joan Miró, Marcel Duchamp, Alberto Giacometti oder Hans Arp, die Musiker Arnold Schönberg oder Erik Satie und über den Tänzer Fred Astaire entstanden. Diese Skizze über Astaire, 1935 geschrieben, zeigt exemplarisch die einzigartige Verbindung von analytischer Schärfe und impressionistischer Oberflächenbeschreibung in diesen Portraits von Michel Leiris.

Auch seine Texte über Hans Arp und Joan Miró (die Leiris 1929 für die Zeitschrift *Documents* geschrieben hatte) und die Erinnerungen an Raymond Queneau (1962) sind geprägt von der Idee, ein anderes Leben und dessen schöpferische Produktionen in ihrer spezifischen Kunstauffassung erzählend und zerlegend nachzuvollziehen – wobei diese Arbeiten zum Teil auch die persönliche Beziehung sowie kunstgeschichtliche Bezüge thematisieren.

Der Mensch in Leiris' Werk ist immer in der Dimension seines Scheiterns und seiner Verführbarkeit für die Revolution und die Revolte, die gesellschaftlichen und künstlerischen Umbrüche gegenwärtig. Gegen eine bloß ästhetische Kunst und deren Charakter des Harmlosen und Ungefährdeten stellte er in *Mannesalter* die Forderung auf, man müsse »wenigstens den Schatten eines Stierhorns in ein literarisches Werk hineinbringen«. Ein andermal nannte er die Dichtung einen »Gegenstand feinschmeckerischer Gier« und bezeichnete sein Werk als die »niemals ajourgeführte Chronik einer niederdrückenden Fahrt auf eine Luftspiegelung zu«.

Ohne den subjektiven Bezug auf sein Leben und Werk könnten die von Leiris gebrauchten Begriffe Totalität, Wahrheit, Selbstentwurf oder integrale Menschheit, totale und prophetische Poesie von einem schalen Pathos sein.[1] Aber immer ist es der *Bruch* der Bezüge, immer sind es die Dissonanzen und Neustrukturierungen, ist es die Arbeit gegen die Verlockungen des Dekorhaften und der Pedanterie, gegen das kümmerliche Wortgeröll, die Leiris die Anstrengung eines Lebens wert gewesen sind.

1. Totale Poesie

»...es graut mir davor, mich unversehens in einem Spiegel zu erblicken...« – nicht verquere Eitelkeit, keine sporadische Laune eines Menschen, der sich auch einmal kritisch im Spiegel anschaut, vielmehr ein winziger Ausschnitt einer lebenslangen Selbstanalyse, einer engen Verknüpfung von gelebter und literarisch erfaßter Selbstentblößung, die in diesen zu Anfang des Buches ausführlich zitierten Sätzen aus Michel Leiris' frühem Text *Mannesalter* zum Ausdruck kommt.

Mannesalter leitet gleichsam nur die monumentale Autobiographie *La Règle du jeu* (Die Spielregel) – eine Autobiographie zum Tode – ein. In ihr hat Leiris versucht, alles festzuhalten und zu erörtern, was ihn betrifft, was sich auf ihn bezieht und worauf er sich bezogen hat. Kaum übersetzbar, da sich für Leiris jede subjektive Notation auch im Versteckspiel der sprachlichen Zeichen und Beziehungen abspielt, führt diese Erkundung der »Spielregel« zu keinem Ziel, sie benennt nur Etappen, Aufschwünge und Verzweiflungen. Leiris sah sein Leben immer vor allem unter dem Zeichen der Bedrohung und des unabweislichen Todes.

Tod und Leben haben keinen gemeinsamen Maßstab; es scheint, als gäbe noch am ehesten der Tod das Maß an, demgemäß das Leben sich entwerfen kann, wenn es die Freiheit, die Überschreitung, die Totalität will. Dann wird auch die Sprache, die man sucht, von dem »ewigen Ton, dem unvergänglichen und kosmopolitischen Stil« geprägt (Bataille, in Leiris 1981 b: 33). Der Tod wird so weit in den Selbstentwurf und die Eigenverantwortlichkeit hineingenommen, daß er sich geradezu *im Leben* entfaltet, daß er qualitativ das Maß und die Dimension prägt, durch die Leben in seinem täglichen Ablauf erfaßbar wird. Die menschliche Selbstverantwortung ist bei Leiris bis ins äußerste Extrem getrieben: selbst der Tod hat nicht mehr den Charakter eines Endpunktes, auf den das Leben sich zubewegt.

Apollinaires Einsicht, daß man als Künstler »niemals die Wirklichkeit ein für alle Mal entdecken« wird, diese Bestimmung der Verunsicherung gegenüber der Wirklichkeit, wird bei Leiris als Konstituens der Subjektivität radikalisiert: man muß sich selbst beständig neu entwerfen, um überhaupt leben zu können. Das Leben und Schreiben sind unendliche Selbstanalysen, Umwege des Ich, Umschreibungen und Ver-schreibungen (im Sinne der Psychoanalyse, daß man sich beständig verschreibt, verspricht).

Für Leiris gibt es durch Selbstmord oder Unglück »bevorzugte Todesarten«, die Leben und Tod in einer einzigartigen Weise miteinander verknüpfen, z. B. bei Shelley,

»weil das Sturzbachhafte seiner Lyrik nach einem Tode durch Versinken in die entfesselte Natur verlangte; bei Nerval und Majakowski, weil der Selbstmord eine gewisse mangelnde Übereinstimmung mit dem Leben anzeigt, einen Bruch, der mehr als ein Jahrhundert hindurch der ureigensten Verfassung des Lyrikers zu entsprechen schien; bei Lorca, weil der Mann, der die Zigeuner besungen hat und mit dem Stierkämpfer Sanchez Majias befreundet gewesen ist, sich schuldig war, auf blutige Art und Weise zu sterben; bei Max Jacob, weil von all den verschiedenartigen Leidenschaften, die in ihm aufeinandergeprallt sind, die größte sein glühender Wunsch ist, ein Heiliger zu sein...« *Leiris 1966a: 82*

Im Grunde kann man nur über den Tod, nicht aber über das Sterben etwas sagen; denn das Sterben ist der einzige Augenblick, der auf immer radikal vom Bewußtsein getrennt ist.

Für Leiris selbst verschränkt sich das Bewußtsein von einem Leben, das von Anfang an erbarmungslos seinem Zuendegehen ausgesetzt ist, aufs engste mit dem Ideal einer totalen Poesie.

Die totale Poesie hat ihren Ausgangspunkt in einem radikalen Subjektivismus: »indem ich subjektiv schreibe, vermehre ich den Wert meiner Aussagen« (1934a: 213), in einer Haltung, die für Leiris, der immer auch als Ethnologe dachte, mit derjenigen der radikalen Verantwortung zusammenfiel: »Ethnologie ist eine Wissenschaft, in der sich der Forscher vielleicht persönlicher verbürgt als in jeder anderen Wissenschaft.« (1969c: 5). Aus diesem ethisch und humanistisch abgesicherten Subjektivismus und dem Bewußtsein von der eigenen Durchhaltekraft einer lebenslangen Selbstanalyse und kompromißlosen Selbstentblößung nahm Leiris die Kraft zu einem Bekenntnis zur Totalität (»Sich in eine Perspektive der Totalität stellen«). In dieser Dimension der Totalität, als einer subjektiv zu verwirklichenden Einstellung zur Welt, ist die totale Poesie – *»Nur die totale Poesie ist große Poesie«* (1966 b: 291) – die notwendige künstlerische Ausdrucksform.

Auf diesem Hintergrund verliert sie den Anschein des Elitären und Abstrakten, und es wird verständlich, wie sich Leiris auch mit Eluards Idee einer zugleich reinen und kollektivistischen Lyrik einverstanden erklären konnte; für Eluard fiel das Ideal, »rein zu bleiben«, mit der Möglichkeit zusammen, mit dem anderen Menschen das Verbindende zu entdecken und zu leben: Selbstfindung und Gemeinschaft, Katharsis und Volkstümlichkeit. Die Sprache ist dabei das verbindende Moment zwischen singulärer und kollektiver Erfahrung; der Autor und das Gedicht als Sprachrohre der Menschlichkeit und Mannigfaltigkeit, »Kunst und Poesie … als Mittel …, die Barrieren niederzureißen, die zwischen mir und der Welt und ebenso zwischen mir und den anderen errichtet sind«. (Leiris 1981 b: 84)

Für Leiris gibt es zwei Möglichkeiten, sich mit der künstlerisch praktizierten Idee von Totalität zu solidarisieren: wenn sie sich, im Sinne äußerster poetischer Strenge, ganz selbst genügt – »das Gedicht, das zunächst und vor allem seine eigene Existenz aussagt und dessen tiefstes Geheimnis in eben dieser Existenz besteht« (Leiris 1981 b: 99) – oder wenn sich diese Totalität von dem Wunsch herleitet, die Poesie solle von allen gemacht werden, sie solle das ins Spiel bringen, was allen gemeinsam ist, sie solle etwas Außerkünstlerisches mitteilen. Diese beiden Möglichkeiten fielen gleichsam in eine einzige zusammen, wenn sich die Utopie des »totalen Menschen« verwirklichen ließe: »der totale Mensch ist der, für den Wirklichkeit und Phantasie eins sind, ist der, der seine Zugehörigkeit zur Natur erkannt hat und der die Hervorbringungen der Natur und seine eigenen Schöpfungen nicht mehr als etwas auf getrennten Ebenen Liegendes ansieht.« (Leiris 1981 b: 85)

Die Möglichkeit dieser Utopie ist für Leiris identisch mit dem Willen zur Revolution, die alle Unterschiede – vor allen auch die von Praxis und Theorie, von Alltag, Welt und Denken, Kunst und Wissenschaft – aufhebt. Die Poesie nimmt in dieser neuen Ordnung die Rolle der beständigen Erneuerin ein, die, »ihrem Wesen nach Schöpfung«, der Sprache Leben einhaucht, die, in ihrer Allgemeinheit, Gewähr für die Wahrheit des Gesagten sein soll. Totale Poesie ist dann die Kunst,

»die Menschen zu versammeln, ... im vollsten Sinne des Wortes militante Poesie...: eine Poesie nicht nur eines politisch aktiven Menschen, der sie als Waffe benutzt, sondern eines Menschen, der aktiv eintritt für den Menschen und für die Poesie als Zeichen und Zugangsweg einer integralen Menschheit.« *Leiris 1981b: 88*

An diesem Punkt fällt die totale Poesie mit einer »prophetischen Poesie« (Leiris ebd.: 89) zusammen, und die Wünsche nach Auflösung der Gegensätze, nach Integration und Totalität – was Leiris an poetologischen, politischen und magischen Modellen entwickelt hatte – werden auf eine gegensatzlose Menschheit projiziert. Leiris' Humanismus, seine Faszination an der umwälzenden Kraft der Revolution, der Revolte und der Magie, sein Streben nach bedingungsloser Wahrhaftigkeit, seine Ablehnung jeder falschen Hierarchisierung und der damit verbundenen Haltungen der Überheblichkeit und der Arroganz, sein Wunsch, der ihn zeitlebens mit dem Surrealismus verbunden hat: »das Imaginäre zu erobern und es dem Leben einzuverleiben« (Leiris 1981b: 88) – hat zu einem solchen Modell geführt, das ohne den subjektiven Bezug auf Leiris' Leben und Werk von einem schalen Pathos sein könnte.

Die totale Poesie steht, als Inbegriff der Kunst, zusammen mit der Revolte und der Magie, gegen den Tod. Ja, die Kunst kann sich soweit der Dimension der Ewigkeit annähern, daß sie die radikale Differenz zwischen Gegenwärtigem und Vergangenem auflöst.

Eine solche Sichtweise hat Leiris an den poetischen Entwürfen der Romantik und des Surrealismus entwickelt und immer wieder exemplarisch vorgestellt, z. B. an dem Roman *Falc'hun* (Paris 1976) von Yves Elléouët[2], der schon sehr früh der surrealistischen Bewegung beigetreten und eng mit Breton befreundet war:

»War dieses Buch nicht bei seinem Entstehen schon posthum? Zwingt es nicht in seiner noch engeren, intimeren Vermischung von Leben und Tod als in dem voraufgegangenen (dem *Buch der Könige der Bretagne*, in dessen Mittelpunkt die homerische Gestalt des Georges Cocaign steht: sowohl keltischer Halbgott wie von Alkohol, Malaria, sexuellem Jucken und poetischem Erfindungsgeist geplagter ehemaliger Kolonialist), zwingt es nicht die Zei-

ten, sich gegenseitig zu durchdringen und die Orte, ineinander überzuge-
hen, als wäre in ihnen alles und jedes, das Vergangene und das Gegenwärtige, das Gelebte und das Imaginäre, das Wahrgenommene und das beim
Lesen oder durch Hörensagen Erfahrene aus dem Gesichtswinkel der Ewigkeit gesehen? Anders gesagt: als seien sie nichts weiter als lauter ephemere
Reflexe, von einem Punkt aus betrachtet, wo alles jedem gleich wird und
keine Gebrauchsklassifizierung die immer im Werden und Vergehen begriffe-
ne Welt mehr zerspaltet, oder ein jedes ihrer Elemente mit striktesten Per-
sonalien knebelt und seiner sinnlichen Verzweigungen beraubt.« ebd.: 102

Verkörperung dieser Prozesse ist Falc'hun – eine »panische Gestalt,
in deren Geist Leben und Tod Hand in Hand gehen« (ebd.: 107).
Falc'hun ist für Elléouët – und vielleicht noch expliziter für Leiris –
die metaphorische Gestalt des sich am Rande der Verzweiflung und
der Nichtigkeit bewegenden Lebens, das sich zugleich, im Mythos
und in der Kunst, eine Form schafft, um das Zerstreute zu sammeln,
»eine Summe seiner eigenen Vergangenheit aufzustellen« (ebd.) und
so das Leben auch als Gestalt und als Prozeß festzuhalten.

Ohne die Integration des Imaginären in das Leben und ohne den
Wunsch, die Totalität zu suchen, wäre dies für Leiris nie denkbar
gewesen. Wie auch in seinem Aufsatz über Eluard (von 1953) betont
er in seinen Überlegungen zu Elléouët (1976), daß es ihm nicht um
einen »Über-Naturalismus purer Träumerei, durch den man sich
über die Realität stellen würde«, geht, sondern um einen »poetischen Realismus« oder »transsubstantuierten Realismus«[3], eine
Schreibweise, in der »die Realität zugleich gegenwärtig und über-
stiegen ist…, eine naturalistische Schreibweise…, bei der aber unter der Kraft seines ungestümen Erblühens, das vom Kleister des
Prosaischen mit Erstarrung bedrohte Denken jeden Augenblick die
Logik der Erzählung umstößt und ihm unerwartet wuchernde Fang-
arme aufsetzt, obwohl es gleichzeitig fest im alltäglichen Leben ver-
ankert bleibt.« (ebd.: 103)

Bei Bataille war es die Fähigkeit, »über einer Jauchegrube Rosen
zu entblättern«, bei Limbour (Leiris, ebd.: 96) seine »graziöse Wild-
heit« (die Flamme seiner Poesie »bringt *ebenso viele Übel wie Schönhei-
ten an den Tag*«), bei der Magie ist es das »imaginäre Leuchten eines
Absoluten« – immer ist es der »Bruch der Bezüge, aus dem das Wunderbare hervorgeht, der gleißende Komet der Revolte« (Leiris 1978:
245).

Es ist durchaus denkbar, Leiris' gesamtes Werk als eine Umschreibung solcher Gegensätzlichkeiten, Dissonanzen, Dualismen und deren Verschmelzungen, Aussöhnungen und qualitativen Neustrukturierungen in der Kunst, in der Magie, der Revolte und der Revolution zu lesen.

2. Reinheit, Konzeption und Konstruktion

»Dank, mein lieber Michel, für Ihren interessanten und aufschlußreichen Brief.

Ich sehe, daß Sie, wie ich, dem Bereich der Realität den der Konzeption vorziehen...« *Leiris 1981b: 34*

Diese Sätze aus einem Brief Raymond Roussels an Michel Leiris (mit dessen Vater Roussel eng befreundet war), einige Tage nach der tumultartig verlaufenen Premiere von »Locus Solus«, am 16. 12. 1922, sind wohl der früheste Hinweis auf Leiris' Poetologie, seine Lust am Entwurf, an der Idee und Kombination, am Modellhaften und an der Konzeption.

Leiris, auf die Frage von Madelaine Gobeil, ob er der einzige surrealistische Schriftsteller gewesen sei, der Raymond Roussel gut gekannt habe:

»Raymond Roussel hat meinem Vater bestimmte Papiere anvertraut, und kennengelernt habe ich ihn als den Freund meines Vaters. Lange Zeit über ist er fast jede Woche gekommen, um mit ihm zusammen zu musizieren. Ich muß etwa sechs oder acht Jahre alt gewesen sein, als man mir erlaubte, an diesen Abenden teilzunehmen. Roussel war außergewöhnlich sensibel und sehr beständig in der Freundschaft. In treuem Angedenken an meinen Vater kam er jedesmal mit mir zusammen, wenn ich ihn darum bat. Ich habe eine regelmäßige Beziehung zu ihm gehabt. Aber ich kann mich nicht rühmen, Roussel gefallen zu haben: er empfing mich, weil ich der Sohn eines Mannes war, dem er sehr zugetan war. Wir sprachen als Kollegen miteinander, und ich schickte ihm einige meiner Texte. Es war ausgesprochen schwer, etwas über seine eigenen Arbeiten von ihm zu erfahren. Von Zeit zu Zeit ein Satz...

M. G.: Haben Sie die Stücke von Roussel gesehen?

M. L.: Ich habe sie alle gesehen. Bei den *Impressions d'Afrique* war ich zwölf Jahre alt. Mein Vater war ein sehr braver Mann, der Roussel überaus liebte und absolut nichts von dessen Literatur verstand. Er ging hin, um Roussel einen Gefallen zu tun. Seine Stücke machten mir großen Spaß, und die Aufführungen im Théâtre Antoine verliefen in einem einzigen unglaublichen Tumult. Ich war weit davon entfernt zu verstehen, wer Roussel war, und dies änderte sich erst viel später, nach dem Krieg 1914–1918, als *Locus Solus* aufgeführt wurde.

M. G.: Waren Sie es, der die Surrealisten auf ihn aufmerksam gemacht hat?

M. L.: Nein, aber ich hätte es gern gesehen, wenn er ein Publikum gefunden hätte. Man kann nicht sagen, daß dies seine schwache Seite war, es gehörte so sehr zu seiner Persönlichkeit dazu, aber Roussel war ausgesprochen erfolgssüchtig. Er litt darunter, nicht anerkannt zu werden und machte eine enorme Reklame für seine Stücke. Als er noch sehr jung war, erschien ihm der Ruhm als eine Art von Strahlenglorie, die ihn zu so etwas wie einem Halbgott machte.

M. G.: Können Sie den Einfluß, den er auf Sie hatte, präziser fassen?

M. L.: Ich hatte immer die Strenge und Genauigkeit seines Stils bewundert...« *Leiris 1978: 278f.*

Wesentliche Bezugspunkte, an denen Leiris seine Vorstellung der »totalen Poesie« entwickelte, waren: die von Roussel bis ins äußerste Extrem vorangetriebene Praxis des *konzeptionellen* Schreibens, Max Jacobs Begriff der *Kombination*, die vor allem von Queneau und Butor exemplarisch erprobte *konstruktivistische* Dichtung, sowie der von Leiris gleichermaßen an Roussel wie an Mallarmé hervorgehobene Charakterzug der Unbestechlichkeit, Radikalität und Schroffheit. Knotenpunkt dieser Bezüge war Leiris' exzessiver Umgang mit der Sprache – Artaud hatte ja schon 1925 Leiris' radikale Schreibpraxis herausgestellt.

Anders jedoch als der in wissenschaftlicher Konzeption vom Rätsel der Sprache Besessene, blieb Leiris auch immer der Spieler, der sich lustvoll an den Verschlingungen ergeht, der Liebhaber des »Flitters des Pittoresken« – einer Eigenschaft, die schließlich seine Freundschaft zu Queneau auflöste. Wenn er einen Begriff wie den der Reinheit – z. B. in seiner weitgehenden Solidarisierung mit Eluard, für den »reine« Dichtung mit einer großen kollektiven Kunst zusammenfiel, in der alle miteinander reden können – so affirmativ exponiert, so ist er auch zugleich erschrocken über die Lächerlichkeit der menschlichen Bemühungen, das Geschaffene begrifflich fixieren zu wollen: »kümmerliches Wortgeröll! Lachhafte Kieselsteinchen, die wir ewig Ängstlichen hinter uns streuen...« (Leiris 1981b: 83 und 20)

Auch wenn sich Leiris in seinen Künstlerporträts und poetologischen Analysen mit durchaus unterschiedlichen Konzeptionen und Haltungen identifiziert – ebenso mit Batailles radikalem Individualismus wie mit Eluards Gleichheitsideal, mit dem Konstruktivismus Butors oder der Botschaft Baudelaires –, so gibt es doch immer eine Haltung, gegen die sich Leiris ungebrochen wendet: das gekünstelte und gelehrte Gehabe, der Bombast und das Preziöse, die Pedanterie und das Dekorhafte. Denn sie sind nur dazu da, das Denken zu verdrehen, sie verhindern die großen Ziele: die »poetische Revolution« (Rimbaud), die »›skandalöse‹ Aufspaltung des Tongefüges« (Schönberg), »totale Poesie«. Bei Leiris setzt sich die Idee einer Dichtung durch, die ihre Fiktionen auf Realitäten, ihre Konstruktionen und Kombinationen auf menschliche Beziehungen und Bezugsmöglichkeiten, das Imaginäre auf das Physische beziehen (Butor, Queneau, Masson, Eluard, Elléouët).

Roussel konnte seine Kombinatorik nicht als eine subjektiv entworfene begreifen, da er ganz aus der Verdrängung heraus arbeitete; er mußte die Verselbständigung des Assoziierten so weit führen, daß es ganz die Oberfläche einer Textstruktur annahm, wiewohl er doch seinen einzigartigen subjektiven Bezugspunkt nie verleugnen konnte. Dadurch verlor aber seine Dichtung die Spannung einer gelebten zu einer ausgeschriebenen Selbst- und Fremdwahrnehmung – die Spannung, ohne die Leiris' Dichtung überhaupt nicht denkbar ist. Man kann sogar soweit gehen und behaupten, daß die Werke von Roussel und Leiris zwei völlig entgegengesetzte Ziele anstreben: der eine die Verdrängung des subjektiv an sich und am anderen Erfahrenen, um ein kombinatorisches Tableau in der »Freiheit« eigener Gesetzmäßigkeiten zu entwerfen; der andere aber die Selbstentblößung mit den Mitteln der Kombinatorik, des Modells, der Konzeption.

Leiris' Bezug zum Materiellen, Alltäglichen, Physischen ist für seine Dichtung konstitutiv, so wie er es auch für Massons Kunst formuliert hat:

»Obwohl André Massons Welt eine imaginäre ist, da er stets, ob im Fühlen oder im Denken, etwas Unberechenbares im Flug erhaschen und auf die

Leinwand oder auf das Papier bannen möchte, erweist sie sich doch als aufs engste mit der physischen Umwelt verbunden, die für plötzliches Staunen sorgt oder Gegenstand einer Meditation ist, die sich ihrerseits ebenfalls in blitzschnellen Sprüngen fortbewegt.« *Leiris 1981b: 111*

3. Ausblick

»Der rote Faden, der meine surrealistischen Texte, die immer in gewissem Maße autobiographisch waren, mit meinen späteren Schriften – *La Règle du jeu*, meine Texte über Kunst und Literatur, meine ethnographischen Arbeiten – verbindet, ist nie gerissen.« (Leiris in: Gobeil 1985: 358)

Das Band wurde – so paradox das klingen mag – nicht durch Leiris' Tod zerrissen, sondern der Tod war die Instanz, die dieses Band allererst knüpfte und ein Leben lang hielt. »Ich glaube, bei allen bedeutsamen Dingen hat der Tod seine Hand mit im Spiel... Der Tod steht hinter allen großen Dingen in der Kunst oder Poesie.« (ebd.: 354) Es sei kein Gefallen am Desaster, keine übermäßige Todessehnsucht, die ihn beherrscht habe, betont Leiris, sondern die Erfahrung, daß man – jenseits der Möglichkeit, ein Bewußtsein vom Tod zu erlangen – zum Leben verdammt sei: auf der Spur der eigenen *Lebensregel*, der der Tod unausweichlich eingeschrieben ist. Dominiert und besessen sei er vielmehr vom Konkreten gewesen und »rasend vor Wut« zusehen zu müssen, wie es ihm ständig entgleite und sich auflöse. (*Die Spielregel*, Bd. 1, 1982: 342)

Im Reisen gibt man der Todessehnsucht nach und folgt ebenso der Illusion, man könne diesem Entgleiten entgehen, das Altern hinauszuzögern, ja sich selbst ein Stück weit entfliehen. Aber so weit man sich auch an die Peripherien der eigenen Lebenswelt und Kultur begibt, stets nimmt man sich mit und wird auf die eigene Subjektivität zurückgeworfen. Im Wunsch, diese Bewegungen »authentisch« zu vermitteln, hält man auch an der Form der Autobiographie fest und widersteht den Verlockungen, fiktive Gestalten zu erfinden. »›Authentizität‹ bedeutet nur etwas im Vergleich zu etwas anderem. Diese afrikanische Maske hinter mir ist authentisch im Vergleich zu einer in der Fabrik hergestellten Maske. Was ist eine authentische Schrift und was nicht? Man weiß, daß eine Autobiographie von Chateaubriand nicht authentisch ist, weil sie viele völlig falsche Dinge enthält, doch gibt es bei ihm Passagen, die gewiß, ohne jeden Zweifel authentisch sind. Ferner gibt es ungemein exakte Autobiographien, die man nicht authentisch nennen kann, weil sie keine Tiefe aufweisen. Es sind so etwas wie Eintragungen in ein Wörterbuch. Das Wort Authentizität ist schwer zu handhaben... Nehmen wir einen Roman, was ist authentisch, was nicht... Im wesentlichen ist ein Werk dann authentisch, wenn wir es als wahr und schön erfahren.« (in Gobeil 1985: 355)

Authentizität heißt also nicht Abbilden, Widerspiegeln, sondern Konstruktion und Schöpfung. In seinem Falle habe er angestrebt, von sich eine »weniger verwehende Gestalt zu entwerfen«, als er selbst sei. (*Die Spielregel*, Bd. 1, 1982: 226 f.) Zu diesem Zweck habe er sein Leben situativ gerafft und verdichtet und seine Person »in eine Art Zeitlosigkeit projiziert«, unter Aufgabe selbstgefälliger Spiegelungen. Der autobiographische Text schreibt sich fort zwischen einem »Feuerwerk« (das die Augenblicke, wie illusionär auch immer, entzünden, in denen man sich außerhalb der Zeit glaubt) und einer Niederfahrt in das »undurchdringliche Dickicht der unpersönlichen und anonymen Vergangenheit«, in der aber alle eigenen Geschichten eingeschlossen sind.

Bildnachweise

Seite   5:   Foto Carlos Freipe
Seite 21:   Zeichnung von Michel Leiris; in seinem Besitz
Seite 32:   Foto in Leiris' Besitz
Seite 33:   Aus dem Nachlaß André Massons
Seite 34:   Seite aus der Zeitschrift »La Révolution surréaliste«
Seite 50–52:   Fotos Marcel Griaule
Seite 59:   Das Gemälde ist in Leiris' Besitz
Seite 60:   Foto Brassaï
Seite 61:   Die Zeichnung ist in Leiris' Besitz
Seite 69:   Foto Alfred Métraux
Seite 75:   Die Zeichnung ist in Leiris' Besitz
Seite 82:   Die Zeichnung ist in Leiris' Besitz
Seite 93:   Die Zeichnung ist in Leiris' Besitz
Seite 127:   Dem Band von P. Chappuis, *Michel Leiris* (1973),
             entnommen

Anmerkungen

Kapitel I

1 Masson – »schon damals der Schöpfer wunderbarer überhöhter Zeichnungen..., in denen die sexuelle Entfesselung eine Rückkehr zu den Ursprüngen der Erde evozierte...« (Leiris 1978: 69) – wurde der Illustrator von Batailles, Limbours und Leiris' Werken und auch des Buches von Breton *Martinique, Charmeuse de serpents* 1947, Neuausgabe 1972 (das Leiris auch 1949 in *Les Temps modernes* rezensierte). Teilausgabe auf deutsch: *Martinique. Kreolischer Dialog* (Frankfurt/M. 1981). Masson war für Leiris (1939a: 206) »ein wenig mein geistiger Vater« – der ihn im Traum ermordete. Bataille wurde von Leiris in die Gruppe um Masson eingeführt. Neben Bataille und Masson war Limbour einer der engsten Freunde von Leiris. Vor den surrealistischen Aktivitäten gehörten auch noch Salacrou, Juan Gris und Queneau zu Leiris' Künstler-Freunden.

In einem Interview mit Madelaine Gobeil (1966) hat Leiris René Char und Aimé Césaire als die Dichter der Gegenwart genannt, die er »liebe«. Michaux bewundere er, aber er fühle keine Nähe zu ihm. Vgl. auch *Fibrillen*, 1991: 66ff. und 433ff.

2 Bataille verdankte die Kenntnis dieser kleinen Gedichte des 13. Jahrhunderts – Meisterwerke des nonsense – seiner Gelehrsamkeit als Archivar.

3 Leiris publizierte darin: »Le Pays de mes Rêves« und »J'y serre mes gloses« (1925ff.) sowie die Rezension der französischen Übersetzung von John Dees Buch *La Monade hiéroglyphique* (1927); J. Dee (1527–1608) war Mathematiker, Geograph und Astrologe. Sein Gesamtwerk, das im Britischen Museum und im Ashmole Museum aufbewahrt wird, umfaßt nahezu 100 Werke. Eine erste Ausgabe erschien 1659. Givrys Übersetzung (1925) von Dees *Monas Hieroglyphica* folgt der Ausgabe von 1564. Das Leben von John Dee wird auch dargestellt in G. Meyrinks Roman *Der Engel vom westlichen Fenster*. 1929 besprach Leiris in *Documents* Givrys Buch *Le Musée des Sorciers, Mages et Alchimistes* (Paris 1929, 1966).

4 Leiris arbeitete an der Zeitschrift nicht mit.

5 Das Zentralorgan der Französischen Kommunistischen Partei war (und ist) *Humanité. Clarté*, hrsg. von Jean Bernier und Marcel Fourrier (von 1921–26 unter dem Namen *Revue de Culture prolétarienne*) war das Organ der 1919 gegründeten KP-nahen »Clarté«-Bewegung, einer internationalen »gemeinsamen Front« kriegsfeindlicher Intellektueller; Leiris publizierte hier 1926 seine Rezension des Buches von Jean-Marie Carré: *La Vie aventureuse de Jean-Arthur Rimbaud*, Paris (Plon) 1922, sowie einige Texte. *Clarté* und die

145

Gruppe *Philosophies* (Henri Lefebvre, Georges Politzer, Georges Friedmann u. a.) arbeiteten zeitweise politisch zusammen; 1925 erschien in *La Révolution surréaliste* das Manifest »La Révolution d'abord et toujours«, eine weitgehende Solidarisierung »linker« Intellektueller und der Surrealisten. Dieses Manifest, in dem sich auch die Surrealisten für die Revolution des »sozialen Lebens« einsetzten, leitete, nach Breton, »die Phase des kritischen Debattierens« ein. Die in *Clarté* angekündigte Zeitschrift *La Guerre civile*, in der auch Leiris mitarbeiten wollte, erschien nie. Die 1928 von Henri Barbusse gegründete Wochenzeitschrift *Monde* bekannte sich in der ersten Nummer zur proletarischen Literatur. *Die Linkskurve* attackierte den Pluralismus und Eklektizismus von *Monde*. Zu den *Cahiers de »Contre-Attaque«* (es erschien nur eine Nummer 1936) vgl. ausführlich Bataille, *Œuvres complètes I*, S. 379–432; 638–641. Die Gruppe »Contre-Attaque« existierte (»vegetierte kümmerlich dahin«, Nadeau) weniger als ein Jahr und zerbrach an den unterschiedlichen Positionen, die von Bataille und Breton ausgingen. Leiris war nicht beteiligt. Die Surrealisten um Breton registrierten die Auflösung der Gruppe mit Genugtuung, um sich deklamatorisch zu den revolutionären Traditionen zu bekennen. *Acéphale* folgte auf *Contre-Attaque*. Es erschienen vier Nummern (1936–39), zuerst hrsg. von Ambrosino, Bataille und Klossowski; die letzte Nummer nur von Bataille. Die 1937 erschienene Nummer hatte ein Sonderheft mit einem Text von Leiris und Masson angekündigt, das nicht erschien; eine »Collection ›Acéphale‹« brachte in einer »Neuen Serie« 1938 Leiris' Text »Miroire de la tauromachie«; vgl. Bataille, *Œuvres II*, S. 273–278, 443 f. (Das 1937 gegründete »Collège de Sociologie« ergänzte diese Aktivitäten.)

6 Carl Einstein (1885–1940) – ein Freund von Leiris, Bataille, Kahnweiler und Picasso – war Mitherausgeber der Zeitschrift *Documents*, eine Zeitlang das Organ der surrealistischen Dissidenten; von ihm erschienen damals hauptsächlich die folgenden, für die Surrealisten und ihre Freunde relevanten Schriften: 1915 *Negerplastik*; 1921 *Afrikanische Plastik*; 1926 *Die Kunst des 20. Jahrhunderts* sowie Aufsätze über die Kunst der Neger, über Picasso, Masson, Gris, Chirico, Miró, Braque u. a.

7 Vgl. Leiris 1978: 67 ff. und Leiris 1981 b: 32 f.

Die persönliche, nicht sehr ausgearbeitete und probeweise formulierte Skizze von Leiris zu Batailles »Don Juanismus« deutet hauptsächlich die Thematik des Erotismus in Batailles Werk an und soll neugierig auf dessen Werk machen. Bataille war sicher in dem Sinn »Mystiker« (der Ausschweifung), in dem man dies auch etwa von Wittgenstein (»Mystiker« des Sprachspiels) gesagt hat. Die Charakterisierung »ein Schriftsteller von großer Faszination« wirkt eigenartig klischeehaft bei Leiris' grenzenloser Bewunderung für Bataille und angesichts ihrer engsten Freundschaft. Zu der Beziehung zwischen Leiris und Bataille vgl. auch Bataille, »Le Surréalisme au jour le jour«, Teil 2, in *Change*, 7. Dez. 1970, S. 85–87.

Die von Leiris erörterten frühen Schriften Batailles sind nachgedruckt in: *Œuvres complètes* I (»Premiers Ecrits. 1922–1940«) und II (»Ecrits posthumes 1922–1940«); *Le Bleu du ciel* findet sich in Bd. III (dtsch. 1969). In dem Heft über Bataille der Zeitschrift *L'Arc* (Nr. 44, 1971) findet sich auch Leiris' Aufsatz »Du Temps de Lord Auch« (vor allem über Batailles *Histoire de l'œil*).

8 1929: »Notes sur deux figures microcosmiques des XIVe et XVe siècles«, »A propos du ›Musée des sorciers‹«, »Civilisation« und die Rezension von W. B. Seabrooks Buch *L'Ile magique*; 1930 die Rezension von Frazers Buch *Myths of the Origin of the Fire* und von Brunhes' Buch *Races* sowie seinen Text »L'Oeil de l'ethnographe«; 1931: »Le ›caput mortuum‹ ou la femme de l'alchimiste« und einige kleinere nicht-ethnologische Texte. Leiris' zentrales Interesse galt in dieser Zeit der Magie, dem Okkultismus und der Kabbala, den Alchemisten, Ärzten, Hermetikern, Theosophen und Philosophen des 16. Jahrhunderts (Paracelsus, Helmont, Khunrath oder Postel) und 19. Jahrhunderts (Papus oder Guaïta). Besonders fasziniert war er von dem Abenteurer W. B. Seabrook und seinen Darstellungen des Verhältnisses von Magie und Sexualität. Seabrook, *The Magic Island*, New York (Harcourt, Brace and C.) 1929. Hamburg/Paris/Mailand (The Albatros) 1932. Gekürzte franz. Ausgabe: *L'Ile magique*, Paris (Firmin-Didot et Cie) 1929. *Jungle ways* (*Secrets de la jungle*, Paris 1931). *Adventures in Arabia*, Baskerville 1941. Vgl. auch Leiris 1978: 245 ff.

9 Leiris publizierte darin 1933: »Danses Funéraires Dogon«, »Faîtes de case des rives du Bani«, »Objets Rituels Dogon«, »Masques Dogon«, »Le Taureau de Seyfou Tchenger«. (dtsch.: Leiris 1980 b und in Leiris 1978: 145 ff.)

10 Leiris veröffentlichte in Nr. 2, 1929, das Gedicht »Les Pythonisses«.

11 In der Tradition der surrealistischen Zeitschriften ist in Frankreich am bedeutendsten *Obliques* (1972 von Roger Borderie gegründet).

12 Während eines tumultartigen Banketts zu Ehren von Saint-Pol-Roux (1925) – Leiris schrieb für ihn auch eine kleine Hommage – griff Leiris in die surrealistischen Aktionen ein, nahm die Rufe »Vive L'Allemagne! Vive la Chine« auf, schrie »A bas La France!« und provozierte bei der sich auf der Straße fortsetzenden Schlägerei die Polizei und die Menschenmenge dermaßen, daß man ihn fast gelyncht hätte. Die Surrealisten waren zu dieser Zeit sehr für Deutschland eingenommen – gegen den französischen Bürger, der in Deutschland den Erbfeind sah. »Wir ergreifen diese Gelegenheit, um uns öffentlich und in jeder Form mit all dem zu desolidarisieren, was französisch ist.« (Vgl. Nadeau 1944: 78–80; vgl. auch die extreme politische Aufwertung dieser Aktion durch Limbour, in *Critique* 1976: 775.)

13 Für Sartre vollendet und zerstört sich zugleich die surrealistische Bewegung in der Dichtung Aimé Césaires. Césaire attackiert mit den Mitteln der Surrealisten die westliche Kultur; er kämpft für ein neues Bewußtsein, unter anderem ausgehend von seinem Volk auf den Antillen. »Négritude«, »Negersein« war die umgreifende Idee, die weltweite Unterdrückung aufzuheben. In seinem berühmt gewordenen »langen Gedicht« »Zurück ins Land der Geburt« – neben Leiris' »Nereide des Roten Meeres« und von Breton und Masson gemeinsam verfaßten Text *Martinique. Charmeuse de serpents* eine maßgebliche Manifestation einer episch-poetischen Darstellungsform vor der Neuerprobung des langen Gedichts in den 50er/60er Jahren in Deutschland – in diesem epischen Gedicht versuchte Césaire die subjektive Erfahrung des Fremden auf die Veränderung des Fremd-Gewordenen, des Abgespaltenen hin zu verlängern.

14 Vgl. auch Mauss' (1950/1975: 167 ff.) Begriff vom »totalen Menschen«.

15 Bataille 1970b: 446f. – Nachdruck der von Caillois verfaßten Einleitung zu den drei Texten »Pour un Collège de Sociologie«, die insgesamt publiziert sind in: *La Nouvelle revue française*, 26. Jahrgang, Nr. 298, Juli 1938: 5–24. Vgl. auch Leiris 1938c und D. Hollier, Hrsg., *Le Collège de Sociologie*, Paris (Gallimard) 1979 und J. Jamin, »Quand le sacré devint gauche«, in: *L'Ire des Vents*, 3–4, 1981, 98–118.

16 Vgl. Bataille 1970a: 538–540. Nach der Auskunft von Leiris wurde diese Erklärung von Caillois ausgearbeitet; er selbst habe nur widerwillig unterschrieben. Zur Aktivität und zum Programm des »Collège« vgl. Bataille 1970b: 289–374; 445–455; dort sind neben Batailles Beiträgen, dem Brief von Leiris an Bataille und dem Programm des »Collège« – beide Dokumente sind im Anhang von Leiris (1977) abgedruckt – auch Batailles enttäuschte Stellungnahme zu Leiris' Zweifel am »Collège« (Bataille 1970b: 365f.) und Batailles eigene Arbeiten zur Soziologie (ebd.: 203ff.) – Analysen subjektiver und objektiver Strukturen in politischen Herrschaftsverhältnissen und sozialen Verhältnissen – nachzulesen. Bataille entwickelte seine Sicht später in *L'Erotisme* (Leiris gewidmet) eigenständig weiter. (Zur Interpretation vgl. auch Leclaire 1971: 81f.) Bei Leiris gewinnt die Beschreibung von Verhaltens- und Redeweisen im heiligen (kultischen) Leben in den folgenden Jahren, etwa bis zur Publikation von *La Langue secrète de Sanga* (1948) an Bedeutung. Caillois publizierte bereits 1939 eine dem Heiligen gewidmete Aufsatzsammlung unter dem Titel *L'homme et le sacré*, die er in den folgenden Jahren beständig erweiterte. Ebenfalls 1939 veröffentlichten Leiris und Bataille *Le Sacré. Suivi de poèmes et de divers écrits* von Laure (Pseudonym für Colette Peignot, Batailles Gefährtin von 1934 bis zu deren Tod 1938, vgl. auch *L'Ephémère*, Nr. 2, 1967 und *Ecrits de Laure*, Paris (Pauvert) 1971 (München, Matthes und Seitz, 1979).
Zur Thematisierung des Heiligen in Religionsgeschichte, Ethnologie und Soziologie vgl. auch E. Durkheim (1917: 9–64): Das Heilige und das Profane definieren sich gegenseitig; darüber hinaus bestimmt sich das Heilige durch seine Vorrangstellung und dadurch, daß »die heiligen Wesen oder Dinge Verbote verteidigen und schützen..., das Heilige ist der Ort einer Macht, einer Energie, die auf das Profane einwirkt...«; vgl. ebenso die Arbeiten von R. Otto, M. Eliade u. a.

17 Boyer 1974: 49, vgl. auch 99; ebenso: Ronat 1975: 110.

18 »Ich sah Marcel Griaule zum ersten Mal im Juli 1920. Ein entscheidendes Datum in meinem Leben... Die ersten ethnographischen Werke hatte ich einige Jahre vorher zu lesen begonnen. Wie andere auch, bin ich auf dem Weg über die Kunst der Neger zur Ethnographie gestoßen.« (Leiris 1978: 31)

19 Die vom »Institut d'Ethnologie« (unter Rivet und Mauss) publizierten Studien geben einen guten Überblick über die französische ethnographische Forschung in den 2–3 Jahrzehnten ab 1926. Leiris' zehn Jahre nach dem Dogon-Buch veröffentlichter Gondar-Aufsatz fußte auf ersten eigenen Aufsätzen um 1934–38 sowie einigen ethnographischen und linguistischen Arbeiten (von Cohen, Griaule, Baeteman, Leslau u. a.) und Studien zur Psychopathologie. Studien zur Besessenheit, auf die sich Leiris bezieht,

stammen von Oesterreich, Westermarck und vor allem von seinem Freund Alfred Métraux, der 1942/44 und 1955/56 vier wichtige Aufsätze über Schamanismus publizierte, bevor er, auch 1958, seine grundlegende Studie *Le Vaudou haïtien* veröffentlichte. Die große Haiti-Nummer in *Présence Africaine* von Métraux, Leiris, Sylvain u. a. datiert von 1951. Zu modernen Studien zur Besessenheit vgl. P. J. Simon/J. Simon-Barouh: *Hâû Bóug. Un culte viêtnamien de possession transplanté en France*, Paris/Den Haag 1973, wo sich auch weitere Angaben finden; ebenso: R. Kriss und H. Kriss-Heinrich *Volksglaube im Bereich des Islam*, Wiesbaden 1960–62; und Heinrichs (1977).

20 Zu Leiris' Begegnung mit Raymond Roussel vgl. vor allem Leiris (1981b: 34ff.). Siehe auch Leiris, *Fibrilles*, 1966: 9 und 241 und die Biographie von F. Caradecs, *Vie de Raymond Roussel*, Paris 1972: 23 ff.

21 Die großen Griaule-Expeditionen waren: Abessinien (1928–29), Dakar-Djibouti (1931–33), Sahara-Sudan (1935), Sahara-Kamerun (1936–37).

22 Roland Barthes (1957: 39f.) charakterisierte Verne: Er »war ein Besessener des Ausfüllens: unablässig vervollkommnete er die Welt, möblierte sie und füllte sie an wie ein Ei. Seine Bewegung ist genau die eines Enzyklopädisten des 18. Jahrhunderts oder eines holländischen Malers. Die Welt ist endlich, die Welt ist voll von zählbaren und sich berührenden Dingen. Der Künstler kann keine andere Aufgabe haben als Kataloge und Inventarien aufzustellen [man vergleiche auch Mauss' Definition des Ethnologen], die kleinen leeren Ecken zu vertreiben, um dort in dichten Reihen die menschlichen Schöpfungen und Werkzeuge zu versammeln. Verne gehört zur progressistischen Linie der Bourgeoisie: sein Werk verkündet, daß nichts dem Menschen entgehen kann: daß die Welt, selbst die fernste, wie ein Objekt in seiner Hand ist; daß das Eigentum alles in allem nichts anderes ist als ein dialektischer Moment in der allgemeinen Dienstbarmachung der Natur.« Sehend eignen wir uns Fremdes an, in Identifizierungen, Distanzierungen oder gar ausschließenden Ausgrenzungen. Die einen treiben so die Analyse der eigenen und der fremden Kultur voran, die anderen gestalten daraus ihre hermeneutische Kosmologie. Verne: »O meine Phantasie, meine Phantasie, weder eine Crampton-Lokomotive noch ein elektrischer Funke noch ein tropischer Wirbelsturm kann mit dir Schritt halten.« (Klingender 1968: 159)

Kapitel II

1 Lacan, als Sprachbesessener, nannte ihn vor allem auch wegen dieser Fähigkeiten »mein Freund Leiris«. Lacan führt Wortspiele vor – »Das Wort ist nicht Zeichen, sondern Bedeutungsknoten« –, in denen sich Leiris »besser als ich« auskenne. (Lacan 1966: 166f.; der betreffende Aufsatz *Propos sur la causalité psychique* ist in der deutschen Lacan-Ausgabe nicht abgedruckt.) Artaud machte schon 1925 (in: *La révolution surréaliste*, Nr. 3) bei Leiris' erster Veröffentlichung aus seinem *Glossaire: j'y serre mes gloses* auf die Bedeutung dieses Umgangs mit Sprache aufmerksam. Vgl. auch Lacan (1966: 98f.), Lejeune (1975) und Heißenbüttel (1972: 80ff.). Im Anschluß an Leiris' *Glossaire* verfuhr J.-A. Boiffard mit den Namen der Surrealisten in gleicher Weise: »Michel Leiris – le risque des échelles irisées« (in *La Révolution...*, Nr. 4, 1925: 22).

2 Vgl. Boyer 1974: 10: »Der totale Mensch ist derjenige, der die Welt als nicht abgeschlossen und aufgeteilt, sondern als unendlich offen ansieht. Dieser Mensch, der in jedem Satz die Seinskonstruktion in Zweifel zieht und sie ins Wanken bringt, findet sich in allem wieder, was menschlich ist, darüber hinaus jenseits von aller Zerstückelung. Und sein Wunsch ist dieser: *aus jedem Holz Feuer machen.*«

3 Auch Leiris' Arbeiten über den Vaudou und die Lyrik in Martinique, Guadeloupe und Haiti sind wesentlich von Métraux angeregt worden, der zur Zeit von Leiris' Aufenthalt in Haiti, 1948, im Auftrag des Außenministeriums für die Abteilung Sozialwissenschaften der Unesco arbeitete. Bei Unesco erschienen drei Reihen: »Question Raciale devant la science moderne« (darin neben Leiris' und Lévi-Strauss' Arbeiten solche zu »Race et psychologie«, »Race et biologie« u. a.); »La question raciale et la pensée moderne« und »Race et Société« (worin Leiris' Arbeit »Contacts de civilisations en Martinique et en Guadeloupe« erschien). Leiris' Aufsatz »Rasse und Zivilisation« findet sich auch in »Le Racisme devant la science« und wird bis 1965 in 7 Sprachen übersetzt; es ist Leiris' am meisten verbreitete Arbeit. – 1950 publizierte Unesco darüber hinaus eine Erklärung »Es kann keine biologische Rechtfertigung für die Rassendiskriminierung geben« (in »Présence Africaine«, Nr. 10–11, 1951: 248–254), die von Lévi-Strauss u. a. unterzeichnet war.

4 Ethnozentrismus ist allerdings nicht nur eine Sichtweise der westlichen Kulturvölker, auch in China und Japan war er in den Jahrhunderten nach der »europäischen Herausforderung« durchaus verbreitet; vgl. Bitterli 1976: 59, 67.

5 Vgl. M. Mauss (1950): *Die Techniken des Körpers* [1925] und Lévi-Strauss' Einleitung zu Mauss (1950); G. Devereux (1970).

6 Meillassoux (1976) hat einige Bezüge konkretisiert und dabei z. T. auch wieder den Glauben an eine »Weltrevolution«, an eine mögliche Organisation des »Weltproletariats« angesichts der fundamentalen Krise des westlichen Kapitalismus genährt.

7 Vor allem seit der (anfänglich gemeinsamen redaktionellen und auch später noch regen) Mitarbeit in der 1945 gegründeten Zeitschrift entwickelte sich zwischen Sartre und Leiris eine freundschaftliche Beziehung.
Simone de Beauvoir (1972: 32 f.): »Die Freundschaften, die wir gegen Ende des Krieges geschlossen haben, sind nicht willkürlich zustande gekommen. Giacometti lernten wir durch Lise kennen, andernfalls würde Leiris uns mit ihm bekannt gemacht haben. Wir liebten Leiris' Bücher, und Sartre arbeitete mit ihm im ›Comité National des Ecrivains‹ [C. N. E.] zusammen. Durch ihn wurden wir mit Salacrou, Bataille, Limbour, Lacan, Leibovitz und Queneau bekannt, die alle der intellektuellen Résistance angehörten.« Außer ihren gemeinsamen Freunden und einer ähnlichen ästhetischen Wahrnehmung verband sie auch die Arbeit in der Vereinigung »Les Amis de la Cause du Peuple« (vgl. ebd.: 156 f., 439, 445).

8 Vgl. zur Differenzierung auch Clastres 1974: 14 f.

9 Vgl. zur wissenschaftsgeschichtlichen Entwicklung: Derrida (1967: 427), Moravia (1970) und Lepenies (1976).

10 Césaire (1955: 60ff.) attackiert vor allem auch Roger Caillois, mit dem Leiris und Bataille 1937 das »Collège de Sociologie« gründeten und der 1954/55 einen Feldzug für die glorreiche, gesunde westliche Kultur antrat, wie auch Piron, gegen die Tendenzen eines Lévi-Strauss, Leiris' oder Eliade, die Kulturhierarchisierung aufzugeben. Im krassen Gegensatz zu Leiris' Forderung nach einer »lokalen Ethnographie« steht Caillois' Satz: »Es gibt nur eine weiße Ethnographie.« (Césaire 1955: 66) Zum Versuch einer auf Fanons Analysen und Forderungen aufbauenden »Soziologie der Dekolonisation in Afrika« vgl. Grohs/Tibi (1973). Vgl. auch Leclerc (1972: 125ff.).

11 Diesem überzogenen Fortschrittsglauben von Fanon (1959: 14–17) ist die Haltung M. Griaules entgegenzustellen: »Was ich verteidige... sind nicht unrettbar verlorene und rückständige Sitten, auch nicht tote Sprachen..., was ich verteidige, sind Ausdrucksweisen, wertvolle, vollkommene und lebendige Denksysteme, die überdies selbst unsere eigenen Systeme in einem beglückenden Ausmaß beeinflussen können.« (nach Leclerc 1972: 110, Anm. 11)

12 Zu dem 1963 publizierten Aufsatz »Alfred Métraux« verfaßte Leiris folgende Vorbemerkung:
»Alfred Métraux und ich trafen uns, glaube ich, zum ersten Mal im Jahre 1934. Er war gerade von einem langen Aufenthalt in Südamerika zurückgekehrt und ich von meiner ersten Reise nach Schwarzafrika. Ich hatte noch kein Diplom und war also ein Neuling, wenn nicht gar eine Art von Freischärler auf dem Felde der Ethnographie; denn nicht das Interesse für diese Wissenschaft als solche, sondern die Poesie und der Wunsch, das Joch unserer Kultur abzuschütteln, hatten mich zu diesen Studien geführt. Obwohl bereits anerkannter Ethnologe, behandelte mich Métraux doch auf brüderliche Weise. In der Ecole des Chartes hatte er eine Freundschaft mit Georges Bataille geschlossen, die auch dann noch fortbestehen sollte, als der eine ein großer Gelehrter und der andere ein großer Schriftsteller geworden war. Es mußte ihn freuen, einen der engsten Gefährten seines ehemaligen Mitschülers kennenzulernen, und er war sicher nicht minder davon angetan, mit einem Neophyten sprechen zu können, dessen im wesentlichen ›surrealistische‹ Ausbildung sich grundlegend genug von der seinen unterschied, um darin gerade eine Ergänzung zu ihr darzustellen. Ich war meinerseits von der geistigen Offenheit eingenommen, die dieser Fachgelehrte bekundete, von der Reiselust, die ihn dazu brachte, geistig und materiell das Fremde zu suchen, von seiner äußerst lebhaften Neugierde, seinem Spürsinn für das Burleske und seinen unvermuteten Regungen, in denen zum Ausdruck kam, wie sehr sein eher puritanisches Benehmen als korrekter Beamter täuschen konnte.
Auf beruflichem Gebiet, wo er von seiner Qualifikation her der Ältere (obwohl eigentlich von den Jahren her etwas jünger) war, habe ich immer seine mittelbare oder unmittelbare Unterstützung erhalten und aus den Lehren Nutzen gezogen, die ich seinen vielseitigen Erfahrungen entnehmen konnte. Im übrigen bin ich diesem ganz seinem Beruf ergebenen Ethnologen erkenntlich dafür, daß er nichts unternommen hat – ganz im Gegenteil –, um mich zum Aufgeben der Literatur zugunsten der Wissenschaft zu bewegen.

Es besteht kein Zweifel, daß für ihn die beiden Bereiche aneinandergrenzten und daß er über die Unterscheidung der einzelnen Disziplinen hinaus all dem ein leidenschaftliches Interesse entgegenbrachte, was den Menschen dazu verhelfen kann, sich selbst und die Gegenstände der Welt zu erkennen.
Nach langen Jahren herzlichsten Einvernehmens kam es schließlich zur effektiven Zusammenarbeit auf dem Gebiete des aktiven, auf genaueste Informationen gegründeten Humanismus und des Antirassismus, dessen hartnäckiger Verfechter Métraux zeitlebens war...« (zit. nach Leiris 1978: 62)

12a Lévi-Strauss (1955: 20) beschrieb den Reisenden als »Archäologen des Raums, der mit Hilfe von Bruchstücken vergeblich versucht, das Exotische zu rekonstruieren«; in *Traurige Tropen* sind Erfahrungsstruktur und ethnographische Modellbildung ethnoästhetisch aufeinander bezogen.

13 Ein eigenes Programm in dieser Richtung verfolgt auch die Zeitschrift *Alcheringa. Ethnopoetics*, Berkeley.

14 In der Philosophie Mitte und gegen Ende des 19. Jahrhunderts, in den linken Gruppen und in avancierten Positionen der Frauenbewegung sind andere wesentliche Erfahrungen eines »Aufbrechens der Vernunft« gemacht worden, mit der Einsicht in die Notwendigkeit, Hoffnungen, die man zu abstrakt in geschichtliche Prozesse setzte, neu auf die Subjektivität zu beziehen.

15 Leiris' Text »Wer ist Aimé Cásaire« erschien zuerst in der Zeitschrift *Critique* und wurde als einleitender Aufsatz in den von L. Kesteloot und B. Kotchy herausgegebenen Band *Aimé Cásaire. L'Homme et l'Œuvre*, Paris (Présence Africaine) 1973, S. 7–16, wieder aufgenommen (dtsch. in: Leiris 1978: 79ff.). Leiris trug den Text 1964 im Teatro La Fenice von Venedig aus Anlaß der Vorführung von Césaires *La Tragédie du roi Christophe* vor.

16 *Cahier d'un retour au pays natal* gilt als Césaires bekanntestes Werk. Er schrieb es – sein erstes und zugleich längstes Gedicht, das auch Ähnlichkeiten mit Leiris' *Die Nereide des Roten Meeres* aufweist – mit 25 Jahren. Es erschien zuerst 1939 in der Zeitschrift *Volontés* und wurde von Breton entdeckt, der auch 1943 ein Vorwort für eine zweisprachige Ausgabe schrieb. Eine Ausgabe liegt auch seit 1956 bei »Présence Africaine« (Paris) und auf deutsch seit 1962 (Frankfurt/M.) vor. Césaire nimmt in diesem Gedicht den zum ersten Mal in der Zeitschrift *Etudiant Noir* von ihm gebrauchten Begriff der Négritude wieder auf – das Modell einer eigenen Existenz und Geschichte der Neger, »seine Négritude annehmen«, ohne damit einem »umgekehrten Rassismus« zu verfallen; Ziel war ein erweiterter Humanismus. Vgl. dazu auch die anderen Beiträge in der von Métraux betreuten »Haiti«-Nummer von *Présence Africaine*, Nr. 12, 1951, in der Leiris' Aufsatz »Stieropfer bei dem Vaudoupriester Jo Pierre-Gilles« abgedruckt war, sowie die späteren Bände von *Présence Africaine* und die Texte in Nr. 52, 1950, von *Les Temps modernes* mit Leiris' Aufsatz »Martinique, Guadeloupe, Haïti«; ebenso G. Gouraige *Histoire de la Littérature Haïtienne*, Nendeln (Kraus Reprint) 1973; L. Kesteloot *Les écrivains noirs de langue française, naissance d'une littérature*, Brüssel 1961; Sartres Einführung zu Senghors *Anthologie de la nouvelle poésie nègre et malgache* (*1948*), dtsch. in *Situationen*, 1965, S. 189ff.

Bretons Text über Césaire »Un grand poète noir« erschien in *Hémisphères (New York)*, 2–3 (automne – hiver 1943–44), S. 5–11. Die Nummer der Zeitschrift *Tropiques* (revue culturelle, Fort-de-France), auf die Breton zuerst aufmerksam wurde, war Nr. 1, vom April 1941. Die viermal jährlich erscheinende Zeitschrift bestand von April 1941 bis September 1945 und liegt jetzt in einem Nachdruck bei Jean-Michel Place (Paris, 1978) mit einem einleitenden Gespräch zwischen J. Leiner und Césaire vor: Césaire gründete *Tropiques* als eine Zeitschrift für die Kultur der Antillen. Er versteht seine Poesie nicht in der Folge des Surrealismus, sondern orientiert sich an der Literatur, die den Surrealismus vorbereitete. Breton gewinnt entscheidende Bedeutung für *Tropiques* ab Nr. 4. »Breton hat uns Kühnheit beigebracht.« (Césaire)

L.-G. Damas – neben Césaire und Senghor Mitbegründer der 1934 gegründeten Zeitschrift *Etudiant Noir* – und Césaire kannten sich seit ihrer Gymnasialzeit (1924); Gedichte von Damas erschienen zuerst in der Zeitschrift *Cahiers du Sud*. Césaire und Senghor trafen sich zuerst 1932 in Paris. Das von Leiris erwähnte Theaterstück Césaires *La Tragédie du roi Christophe* erschien 1963/64 bei »Présence Africaine«. Césaire wurde 1945 Bürgermeister in Fort-de-France; 1956 trat er aus der KPF aus. (Diese 1980 verfaßten Anm. stehen am Anfang meiner Auseinandersetzung mit der Négritude. Vgl. jetzt meine Studie *»Sprich Deine eigene Sprache, Afrika!«*, (1992)

17 Das gilt auch für den 1934 publizierten Aufsatz »Beschneidungsriten der Namchi« (dtsch. in Leiris 1978: 168ff.), der zu den konventionellen, den Rahmen der damaligen akademischen Ethnologie in keiner Hinsicht sprengenden oder auch nur antastenden Arbeiten von Leiris gehört. (Das Thema der Beschneidung wird in ähnlicher Weise von ihm, zusammen mit André Schaeffner, auch in dem Aufsatz von 1936 »Die Beschneidungsriten bei den Dogon von Sanga«, *Journal de la Société des Africanistes*, Bd. VI, behandelt.)

18 Zur Symbolik des Stiers vgl. auch seinen Aufsatz »Sacrifice d'un taureau chez le Houngan Jo Pierre-Gilles« (1951) und die entsprechenden Passagen zu den Stieropfern im Gondar-Aufsatz, sowie die frühe Arbeit »Le Taureau de Seyfou Tchenger« (1933); Abanico para los toros (1969b: 140); 1969d: 110: *»Taureau* – au torse près, un grand centaure« (bis auf den Rumpf ein großer Zentaur).

19 *Itinéraires*, Paris (Payot) 1978, geben in den Aufzeichnungen und in den Einführungstexten des Herausgebers A.-M. d'Ans einen detaillierten Einblick in Métraux' Leben und Schriften sowie in die Beziehungen zwischen den französischen Ethnologen und auch vor allem in zentrale Themen (Vaudou u. a.). Zu Métraux und Leiris vgl. etwa S. 272–280, 290ff.; Notizen über die Beziehung zu Lévi-Strauss (zumeist auch im Zusammenhang mit Leiris) durchziehen große Teile des Bandes.
Lévi-Strauss: »Tant de hasards, au cours des vingt cinq dernières années, on fait converger l'une vers l'autre l'existence de Métraux et la mienne que, par moments, il semblait que ces rapprochements fussent mystérieusement orchestrés...« (Ebd., S. 33, vgl. S. 42; zu Métraux und Rivière vgl. S. 286)

Kapitel III

1 Vgl. auch Michelets Ausführungen zur »Affinität von Frau und Magie« (Barthes 1964: 12 ff.), Heinrichs (1975 b) zu den Funktionen der Frau und der Mutter im kultischen Leben matriarchalisch orientierter Gesellschaften sowie Leiris' Thematisierung der Gleichberechtigung im zâr-Kult.

2 Zur weiteren Ausführung und zum Verhältnis vom Schamanismus und Psychoanalyse vgl. Heinrichs (1977).

3 »Bei mehr als einem Stamm ist die Herstellung der Masken mit einem blutigen Opfer von Tier oder Mensch verbunden gewesen. So mußte bei den Songe des Ost-Kongo der Auftraggeber der Maske dem Nganga, dem Zauberpriester, einen Sklaven bringen, den dieser tötete. Der Zauberer schnitt den Leichnam des Opfers der Länge nach in zwei Teile und legte zwischen die Hälften die von ihm geschnitzte Maske. Der Besteller mußte sodann aufmerksam in einen großen Korb hineinblicken. In diesem Augenblick ergriff der Nganga die neue Maske und schleuderte sie in das Feuer. ›Während die Maske verkohlend verbrennt‹, so berichtet Leo Frobenius, ›geht das große Mysterium vor sich: der in den Korb schauende Mann sieht aus dem Boden die verbrannte Maske in erhöhter Schönheit aufsteigen‹.« (G. Kutscher, in: K. Krieger und G. Kutscher 1960: 19)

4 P. Parin, F. Morgenthaler und G. Parin-Matthèy 1963: 72 f.
Die Rede von der »Mutter der Masken« und zahlreiche Mythen deuten darauf hin, daß in Afrika »ursprünglich einmal die Frauen im Besitz der Masken gewesen seien, die ihnen dann von den Männern abgenommen wurden... Machen die Cokwe den erheblichen Größengewinn ihrer Werke durch die Verwendung besonders leichten Materials möglich, so sind die hochaufragenden Masken der Dogon und Mossi zum Teil so schwer, daß ihre Träger bewegungslos unter der Last verharren müssen. Die ehrwürdige, etwa 10 m hohe ›Mutter der Masken‹, die als Sitz der ersten Seele gilt, wird bei den Dogon überhaupt nicht getragen, sondern nur mehr in ihrem Heiligtum verehrt. Damit verliert die Maske, die ihrem Wesen nach mit tänzerisch-rhythmischer Bewegung fest verbunden ist, ihren eigentlichen Charakter.« Bei der »Gelede-Gesellschaft der Yoruba... werden zwar die Tänze von den Männern ausgeführt, doch liegt die Leitung in den Händen der Frauen... Wir tanzen, um unsere Mutter zu versöhnen.« (G. Kutscher, a. a. O., S. 7–19).

5 Leiris' Aufsatz über den Begriff der Arbeit in einer sudanesischen Sprache der Eingeweihten (La Langue d'initiés) wurde 1952 publiziert, geht aber auf die Griaule-Expeditionen von 1931 ff. und einen kurzen Aufenthalt 1945 zurück und stellt im wesentlichen eine auf den Begriff der Arbeit konzentrierte Fassung seiner linguistisch-ethnographischen Arbeit von 1948 (*La langue secrète des Dogons de Sanga*) dar. Der Begriff der Geheimsprache ist sicher zu umfassend, es ist mehr eine Sondersprache, eine rituelle Sprache, eine Eingeweihtensprache in der Maskengesellschaft, der Männergesellschaft. Die allgemeine Sprache der Dogon ist das Dogon oder So (= Sprache) oder in dem von Leiris erforschten Gebiet: Sanga So. (Nach Parin/Morgenthaler ist es sinnvoller, von »Sanga So« oder »So« zu sprechen, da »Dogon« die Vorstellung von *einer* Sprache mit Dialekten nahelegt, die Annahme mehrerer Dogon-Sprachen aber ebenso berechtigt ist.)

Das Volk der Dogon, das augenblicklich etwa ¼ Million Angehörige umfaßt, zählt zu den Negern der »sudanesischen Rasse«. Zur Familienstruktur der Dogon, die Leiris zu Anfang seines Aufsatzes knapp skizziert, vgl. Parin / Morgenthaler (Frankfurt/M. 1963: 39–41). Leiris' Dogon-Arbeiten stehen in der Tradition und im Zusammenhang der Forschungen von Marcel Griaule (*Masques Dogon*, 1938, Denise Paulme, Deborah Lifchitz, André Schaeffner, Germaine Dieterlen u. a.). Die diese Forschung zusammenfassende und weiterführende Arbeit ist Geneviève Calame-Griaules *Ethnologie et langage*, Paris 1965. Angesichts der Darstellung der Mythologie, der Psychologie, der Sozialstruktur und Sprachstruktur bei den Dogon in den Arbeiten von Calame-Griaule, von Parin/Morgenthaler, der amerikanischen Soziologie und auch schon der Arbeit von Denise Paulme (*Organisation Sociale des Dogon* [Soudan français], 1940), sind Leiris' Dogon-Studien als wichtige *Vor*-Arbeit anzusehen. Die von Leiris verwendeten Begriffe »vorstehende Autoritäten« und »Machtfaktor« (1978: 191) sind französisch-kulturgebundene Begriffe. Zu den Grußformeln der Dogon vgl. genauer Calame-Griaule 1965: 358; danach heißt der Gruß »Dank für den Busch« (genauer: für den Arbeiter, der aus dem Busch kommt): dì n'ŏni: pó.

6 F. Krause, »Maske und Ahnenfigur: Das Motiv der Hülle und das Prinzip der Form«, in: W. E. Mühlmann und E. W. Müller (Hrsg.) 1966: 218–237.

7 K. Meuli 1975: 77 f.; Meuli hat die Darstellung der Riten und Bräuche wie sie, nach den ihm zugänglichen ethnographischen Berichten (von Frobenius, Frazer, Schurtz, Bastian u. a.), in außereuropäischen Kulturen üblich waren, auf griechische, römische, germanische und gegenwärtige Verhältnisse, hauptsächlich in bezug auf die Tradition der Fastnacht-Maskenzüge, verlängert. In Bd. I: 54–299.
Zur Darstellung des äthiopischen zâr-Kultes als theatralischer Inszenierung vgl. Leiris 1977 c: 135 ff. und Leiris 1978: 145 ff.: »Der Stier für Sayfu Čangar«. Über die Maske als »Weise der Entlehnung einer Persönlichkeit, einer Rolle«, vgl. M. Leenhardt 1933: 3–21.

8 C. Lévi-Strauss 1977: 16 ff.

9 Vgl. auch P. Gorsen (in P. Gorsen und P. Molinier 1972: 27 ff.): »Ein hauptsächliches Aktionsfeld der Travestie ist das weibliche Gesicht«; die Maske ermöglicht eine »abstrakte Einheit... des Gesichts, die... wie Baudelaire sagt – ›das menschliche Wesen sofort der Statue, das heißt einem göttlichen, höheren Wesen näherbringt‹«.

Kapitel IV

1 Bei Leiris auftauchende Begriffe wie Reinheit, Feuer, Schönheit, Einheit und Wahrheit sind in seinem Verständnis vor allem auch geprägt von der Ästhetik des Kubismus, von dessen Fixierung an wissenschaftlichen und geometrischen Idealen (hauptsächlich bei Leiris' Freund Juan Gris) und von dem, was Apollinaire bei Picasso als Sezierkunst – der kubistische Künstler studiert ein Objekt wie ein Chirurg – erörtert.

2 Yves Elléouët war sehr eng mit Breton befreundet und heiratete später dessen Tochter Aube.

3 Vgl. auch Leiris' Faszination am »mythologischen Realismus« Butors: »Mit

diesem gewissenhaft realistischen Roman (denn selbst die sich aus dem Wunderbaren ableitenden Elemente sind darin mit der physischen Situation oder der geistigen Verfassung der Person eng verbunden), mit diesem Roman, dessen gleichzeitig klassischer und üppig wuchernder Bau (wie der eines barocken Gebäudes), dessen Eckpfeiler von einer Bewußtwerdung gebildet werden, vollzieht sich der Vorgang zwischen dem Schriftsteller und Ihnen als Leser so, als ob der drohende Gebrauch der Anrede darin wirklich ein Anreiz auch für Sie wäre, sich Ihrer Situation bewußt zu werden und in Aktion zu treten, so daß die Geschichte dieses Pariser Bürgers, dem gut zwanzig Stunden Eisenbahnfahrt über seine wirklichen Wünsche Aufklärung verschafft haben, zu einem Äquivalent für Ihre eigene Geschichte wird (falls es das nicht schon ist) und in seiner streng photographischen Modernität zu dem Mythos, durch dessen Vermittlung die Durchschnittlichkeit Ihrer Existenz den hohen Schein eines Schicksals gewinnt.« (Leiris 1981 b: 73 f.)

4 Rimbaud und Baudelaire spielen für Leiris eine große persönliche Rolle; er fühlt sich deren Lebenserfahrungen verwandt und sieht in ihren Werken den Versuch, Magie, Poesie und Revolution/Revolte zu verbinden. Sein Interesse an ihnen führte nicht zu so umfassenden Studien wie denen über Bataille und Roussel. Es sind »Impressionen«.

Bibliographie der verwendeten Literatur

Das Erscheinungsdatum hinter dem Namen bezieht sich immer auf die Original- bzw. Erstausgabe. Ist keine deutsche Ausgabe angegeben, so wird nach der Originalausgabe zitiert, sonst immer nach der deutschen Übersetzung bzw. der als letzte Ausgabe angegebenen Edition; darauf beziehen sich dann auch die beim Zitatnachweis angegebenen Seitenzahlen. (Die Arbeiten von und über Leiris sind anschließend aufgeführt.)

Adorno, Th. W. (1951): *Minima Moralia. Reflexionen aus dem beschädigten Leben.* Frankfurt/M. (Suhrkamp) 1971.

Alltagswissen, Interaktion und gesellschaftliche Wirklichkeit. Bd. 2: Ethnotheorie und Ethnographie des Sprechens (1973). Hrsg.: Arbeitsgruppe Bielefelder Soziologen. Reinbek (Rowohlt).

Argelander, H. (1970): »Die szenische Funktion des Ichs und ihr Anteil an der Symptom- und Charakterbildung.« In: *Psyche* 5. 24. Jahrg. 325–345.

Artaud, A. (1964): *Die Tarahumaras. Revolutionäre Botschaften.* München (Rogner u. Bernhard) 1975.

Balandier, G. (1957): *Afrique ambiguë.* Paris (Plon).

Barthes, R. (1957): *Mythen des Alltags.* Frankfurt/M. (Suhrkamp) 1974[3].

– (1964): Vorwort zu J. Michelet, *Die Hexe.* München (Rogner u. Bernhard) 1974.

Bataille, G. (1957): *Der heilige Eros.* Neuwied (Luchterhand) 1963.

– (1970a): *Œuvres complètes Bd. I,* Premiers Ecrits 1922–1940. Paris (Gallimard).

– (1970b): *Œuvres complètes Bd. II,* Ecrits posthumes 1922–1940.

Beauvoir, S. de (1972): *Alles in allem.* Reinbek (Rowohlt) 1976.

Benjamin, W. (1929): »Der Sürrealismus. Die letzte Momentaufnahme der europäischen Intelligenz.« In: Benjamin, *Gesammelte Schriften,* Bd. II, 1, S. 295–310 und Bd. II, 3, S. 1018ff. Frankfurt/M. (Suhrkamp) 1977.

Bitterli, U. (1976): *Die »Wilden« und die »Zivilisierten«. Grundzüge einer Geistes- und Kulturgeschichte der europäisch-überseeischen Begegnung.* München (Beck).

Breton, A. (1924ff.): *Die Manifeste des Surrealismus.* Reinbek (Rowohlt) 1977.

– (1943/44): »Un grand poète noir.« In: *Hémisphères* (New York), 2–3, S. 5–11.

– und A. Masson (1948): *Martinique. Kreolischer Dialog.* Frankfurt/M. (Qumran) 1981.

Castaneda, C. (1968): *Die Lehren des Don Juan. Ein Yaqui-Weg des Wissens.* Frankfurt/M. (Fischer). 1975[6].

– (1971): *Eine andere Wirklichkeit. Neue Gespräche mit Don Juan.* Frankfurt/M. (Fischer) 1975[3].

157

– (1972): *Reise nach Ixtlan. Die Lehre des Don Juan*. Frankfurt/M. (Fischer) 1975[2].

– (1974): *Der Ring der Kraft. Don Juan in den Städten*. Frankfurt/M. (Fischer) 1976[1].

Césaire, A. (1939): *Zurück ins Land der Geburt*. Frankfurt/M. (Suhrkamp) 1967.

– (1955): *Über den Kolonialismus*. Berlin (Wagenbach) 1968.

Clastres, P. (1974): *Staatsfeinde. Studien zur politischen Anthropologie*. Frankfurt/M. (Suhrkamp) 1976.

Creuzer, G. F. (1937): *Symbolik und Mythologie der alten Völker*, Bd. I, Hildesheim/New York (Olms) 1973.

Critique (1976): »Limbour l'irréductible«, Aug.–Sept., Nr. 351–352.

Dalí, S. (1971): *Unabhängigkeitserklärung der Phantasie und Erklärung der Rechte des Menschen auf seine Verrücktheit. Gesammelte Schriften*. München (Rogner u. Bernhard) 1974. Dtsch. von B. Weidmann, mit einer Studie von Peter Gorsen.

Derrida, J. (1967): *Die Schrift und die Differenz*. Frankfurt/M. (Suhrkamp) 1976.

Devereux, G. (1967): *Angst und Methode in den Verhaltenswissenschaften*. München (Hanser) 1973.

– (1970): *Normal und Anormal. Aufsätze zur allgemeinen Ethnopsychiatrie*. Frankfurt/M. (Suhrkamp) 1974.

Durkheim, E. (1917): *Textes 2*. Paris (Minuit).

Einstein, C. (1915): Negerplastik. In: Einstein, Werke Bd. 1, S. 245 ff., Berlin (Medusa) 1980.

– *Afrikanische Plastik*. Berlin (E. Wasmuth) 1921.

Eliade, M. (1951): *Schamanismus und archaische Ekstasetechnik*. Frankfurt/M. (Suhrkamp) 1975.

Evans-Pritchard, E. E. (1976): *Hexerei, Orakel und Magie bei den Zande*. Frankfurt/M. (Suhrkamp) 1978.

– (1940): *The Nuer*. Oxford (Clarendon Press) 1968.

Fanon, F. (1966): *Aspekte der Algerischen Revolution*. Frankfurt/M. (Suhrkamp) 1969.

Feyerabend, P. (1975): *Wider den Methodenzwang*. Frankfurt/M. (Suhrkamp) 1986.

Fichte, H. (1976): *Xango. Die afroamerikanischen Religionen. Bahia. Haiti. Trinidad*. (zus. mit E. Mau). Frankfurt/M. (S. Fischer).

– (1980): *Petersilie. Die afroamerikanischen Religionen. III Santo Domingo. Venezuela. Miami. Grenada*. Frankfurt/M. (S. Fischer).

– (1977): »Kultur haben immer die Sieger. Ketzerische Bemerkungen für eine neue Wissenschaft vom Menschen.« In: *Die Zeit*, 21. 1. S. 35.

– (1978): *Lohensteins Agrippina*. Köln (Kiepenheuer und Witsch).

Foucault, M. (1966): *Die Ordnung der Dinge*. Frankfurt/M. (Suhrkamp) 1974[2].

Fox, R. (1967): »Ein neuer Blick auf *Totem und Tabu*«, in: E. Leach (Hrsg.), *Mythos und Totemismus*. Frankfurt/M. (Suhrkamp) 1973.

Freud, S. (1912–13): *Totem und Tabu*. GW Bd. 9. 287 ff.

– (1916–17): *Vorlesungen zur Einführung in die Psychoanalyse*. GW Bd. 11. Studienausgabe Bd. 1: 118 f., 277.

– (1924): *Kurzer Abriß der Psychoanalyse*. GW Bd. 13: 403 ff.

Godelier, M. (1973): *Ökonomische Anthropologie. Untersuchungen zum Begriff der sozialen Struktur primitiver Gesellschaften*. Reinbek (Rowohlt) 1973.

Goll, Claire (1978): *Ich verzeihe keinem. Eine literarische chronique scandaleuse*. München (Scherz).

Gorsen, P. (1969): *Das Prinzip Obszön. Kunst, Pornographie und Gesellschaft*. Reinbek (Rowohlt) 1970².

– (1972): *Pierre Molinier, lui-même. Essay über den surrealistischen Hermaphroditen*. München (Rogner u. Bernhard).

Griaule, M. (1980a): *Äthiopische Graffiti*. Frankfurt/M. (Qumran).

– (1980b): *Orte des Lebens. Natur, Lebenszusammenhänge und Gesichter der Dogon*. Frankfurt/M. (Qumran).

– und M. Leiris (1980): *Masken der Dogon*. Frankfurt/M. (Qumran).

Grohs, G. und B. Tibi (1973): *Zur Soziologie der Dekolonisation in Afrika*. Frankfurt/M. (Fischer).

Grössel, H. (1976): »Ein Stratege im Literaturkampf. Über Paul Nizan.« In: *Akzente*, Febr., Heft 1, 76–95.

Hausenstein, W. (1920): *Exoten, Skulpturen und Märchen*. Zürich/München (Rentsch).

Heinrichs, H.-J. (1975a): »Vom Nutzen der Psychoanalyse – Zu Georges Devereux' ›Angst und Methode in den Verhaltenswissenschaften‹«. In: *Psyche* 9, 29. Jahrg., 840–853.

– (1975b): (Hrsg.) J.J. Bachofen, *Das Mutterrecht* und *Materialien zu Bachofens »Das Mutterrecht«*. Frankfurt/M. (Suhrkamp).

– (1976a): »Wahrheit – Ein Entwurf.« In: *Psyche* 1, 30. Jahrg., 50–80.

– (1976b): »Die Besinnung auf das Allgemeine. Zu dem Werk von Claude Lévi-Strauss.« In: *Psyche* 2, 30. Jahrg., 170–199.

– (1982) (Hrsg.): *Das Fremde verstehen. Gespräche über Alltag, Normalität und Anormalität*. Frankfurt/M. (Qumran) [Neuausgabe: S. Fischer, 1985]

– (1983): *Sprachkörper. Zu Claude Lévi-Strauss und Jacques Lacan*. Frankfurt/M. (Qumran).

– (1989): *Fenster zur Welt. Positionen der Moderne*. Frankfurt/M. (Athenäum)

– (1991): *Die Djemma el-Fna geht durch mich hindurch. Oder wie sich Poesie, Ethnologie und Politik durchdringen*. Bielefeld (Pendragon).

Hubert, H. und M. Mauss (1902–03): »Entwurf einer allgemeinen Theorie der Magie.« Zuletzt in: Mauss, *Soziologie und Anthropologie*, hrsg. von Henning Ritter. Bd. 1. München (Hanser) 1974: 43–179.

Jung, C. G. (1971): *Mysterium Coniunctionis*. Gesammelte Werke, Bd. 4/1. Olten und Freiburg i. Br. (Walter).

– (1974): Zivilisation im Übergang. GW, Bd. 10.

Jamin, J. (1980): »Disziplinierte Reisende – Ethnographen unterwegs.« In: Marcel Mauss, *Marokkanische Reise*. Mit Beiträgen von Patrick Waldberg, Claude Lévi-Strauss, Georges Condominas und Jean Jamin. Frankfurt/M. (Qumran).

Kesteloot, L. und B. Kotchy (Hrsg.) (1973): *Aimé Césaire. L'Homme et l'œuvre*. Paris (Présence Africaine).

Klingender, F. D. (1968): *Kunst und industrielle Revolution*. Frankfurt/M. (Syndikat) 1976.

Krieger, K. und G. Kutscher (1960): *Westafrikanische Masken*. Berlin.

Laure (1939): *Schriften*. München (Matthes und Seitz) 1980.

159

Lacan, J. (1966): *Schriften*. Olten und Freiburg (Walter), 2 Bde., 1973–75.

Leclerc, G. (1972): *Anthropologie und Kolonialismus*. München (Hanser) 1973.

Leclaire, S. (1971): *Das Reale entlarven. Das Objekt in der Psychoanalyse*. Olten, Freiburg (Walter) 1976.

Leenhardt, M: (1933): »Le masque calédonien«, in: *Bulletin du Musée d'Ethnographie du Trocadéro*. Paris, 6. Juli, S. 3–21.

Lefebvre, H. (1965): *Metaphilosophie. Prolegomena*. Frankfurt/M. (Suhrkamp) 1975.

Lepenies, W. (1976): *Das Ende der Naturgeschichte*. München (Hanser).

Lévi-Strauss, C. (1952): *Rasse und Geschichte*. Frankfurt/M. (Suhrkamp) 1972.

– (1954): »Die Stellung der Anthropologie in den Sozialwissenschaften und die daraus resultierenden Unterrichtsprobleme.« In: *Strukturale Anthropologie* I, Frankfurt/M. (Suhrkamp) 1967.

– (1955a): *Traurige Tropen*. Frankfurt/M. (Suhrkamp) 1978.

– (1955b): »Diogène couché«, in: *Les Temps Modernes*, Nr. 110, S. 1187–1220.

– (1958): *Strukturale Anthropologie*. Frankfurt/M. (Suhrkamp) 1967.

– (1961): *Die moderne Krise der Anthropologie*. Wiesbaden (Heymann) o. J.

– (1962): »Jean-Jacques Rousseau, Begründer der Wissenschaften vom Menschen.« In: *Strukturale Anthropologie II*, Frankfurt/M. (Suhrkamp) 1975, S. 45–56.

– (1973): *Strukturale Anthropologie II*. Frankfurt/M. (Suhrkamp) 1975.

– (1975): *Der Weg der Masken*. Frankfurt/M. (Insel) 1977.

Malinowski, B. (1922): *Argonauten des westlichen Pazifik. Ein Bericht über Unternehmungen und Abenteuer der Eingeborenen in den Inselwelten von Melanesisch-Neuguinea*. Frankfurt/M. (Syndikat) 1979.

– (1967): *A Diary in the Strict Sense of the Term*. London. Dtsch.: 1986.

Mauss, M. (1923–24): »Die Gabe.« Dtsch. zuletzt in: *Soziologie und Anthropologie*, Bd. 2. München (Hanser) 1975.

– (1950): *Soziologie und Anthropologie*. Bd. 1. Mit einer Einleitung von C. Lévi-Strauss. München (Hanser) 1974.

– (1947): *Manuel d'Ethnographie*. Paris (Payot) 1971.

Meillassoux, C. (1975): *»Die wilden Früchte der Frau«. Über häusliche Produktion und kapitalistische Wirtschaft*. Frankfurt/M. (Syndikat) 1976.

Métraux, A. (1944): »Le shamanisme chez les Indiens de l'Amérique du Sud tropicale.« In: *Acta Americana* II, 1944: 197–219; 320–341.

– (1958): *Le Vaudou haïtien*. Paris (Gallimard). [1968: mit einem Vorwort von Leiris]

– (1978): *Itinéraires 1, (1935–1953). Carnets de notes et journaux de voyage*. Paris (Payot).

Meuli, K: (1975): *Gesammelte Schriften*, (hrsg. v. Th. Gelzer), I. Bd., Basel/Stuttgart (Schwabe).

Moravia, S. (1970): *Beobachtende Vernunft. Philosophie und Anthropologie in der Aufklärung*. München (Hanser) 1973.

Morgenthaler, F. (1974): »Die Stellung der Perversionen in Metapsychologie und Technik.« In: *Psyche* 12, 28. Jahrg., 1077–1098.
Neudruck in: *Homosexualität Heterosexualität Perversion*. Frankfurt/M. (Qumran) 1984: 27–48.

Moser, F. (1974): *Das große Buch des Okkultismus*. Olten und Freiburg i. Br. (Walter).

Mühlmann, W. E. und E. W. Müller (Hrsg.) (1966): *Kulturanthropologie*, Köln/Berlin (Kiepenheuer und Witsch).

Myrdal, J. (1970): *China – die Revolution geht weiter*. München 1976[2].

Nadeau, M. (1944): *Histoire du surréalisme*. Paris (Seuil) 1970.

Nizan, P. (1938): *Die Verschwörung*. München (Rogner und Bernhard) 1975. Dtsch. von Lothar Baier, mit einem Nachwort von H. Nagel und L. Baier.

– (1971): *Für eine neue Kultur*. Reinbek (Rowohlt) 1973. Dtsch. mit einem Nachwort von D. Schmidt.

Nunberg, H. und E. Federn (Hrsg.) (1977): *Protokolle der Wiener Psychoanalytischen Vereinigung*. Bd. II. Frankfurt/M. (S. Fischer).

Bibliographie zum Werk von Michel Leiris

Michel Leiris hat außer den namentlich gekennzeichneten Texten auch an einer Reihe von Gemeinschaftsarbeiten und Editionen teilgenommen, die weitgehend unbekannt sind und die ich einer internen Schrift *Titres et travaux de Michel Leiris* (August 1967) entnehme, die mir Leiris freundlicherweise zur Verfügung stellte. Diese Arbeiten seien vorab genannt:

1931: Im Zusammenhang mit der »Dakar-Djibouti-Expedition«
Ausformulierung der »Instructions sommaires pour les collecteurs d'objets ethnographiques« (Paris, Mai 1931, Musée d'Ethnographie du Trocadéro et Mission Dakar-Djibouti, 32 p.).

1933: Zusammen mit Albert Skira und Edouard Tériade
Zusammenstellung von Nr. 2 der Zeitschrift »Minotaure«, numéro spécial consacré à la mission Dakar-Djibouti (Paris, Juni 1933).

In der Folgezeit für das »Musée de l'Homme«
Strukturierung und Organisation der Abteilung für Schwarzafrika und der entsprechenden Ausstellung (Aufstellung des Plans, Auswahl der Objekte und sonstigen auszustellenden Dokumente, Redaktion der vorzunehmenden Beschriftungen) in Zusammenarbeit mit Deborah Lifchitz und Denise Paulme-Schaeffner. 1936–1937.

Redaktion des »Guide du Musée de l'Homme«. Teilweise Redaktion und Supervision des Ausstellungskatalogs (Chefs d'œuvre du Musée de l'Homme, 1965).

Supervision des Ausstellungskatalogs »Arts connus et arts méconnus de l'Afrique noire« (Bekannte und verkannte Künste Schwarzafrikas), collection Paul Tishman, 1966.

Supervision des afrikanischen Teils des Ausstellungskatalogs »Arts primitifs dans les ateliers d'artistes« (Primitive Künste in den Werkstätten der Künstler), 1967.

Verschiedenes
Von 1938 bis 1966 Leitung der von Alfred Métraux, Paul Rivet und Georges-Henri Rivière gegründeten Reihe »L'Espèce humaine«, die heute Bestandteil der »Bibliothèque des Sciences Humaines« (Gallimard) ist.

Seit 1962 beteiligt an der Herausgabe der Reihe »Classiques Africains«, die unter der Leitung von Prof. André Martinet (Editions Julliard et Institut d'Ethnologie de l'Université de Paris) publiziert wird.

1. Das Werk von Michel Leiris

Die Angaben zu den einzelnen Arbeiten sind chronologisch, nach dem Jahr der Erstveröffentlichung, angeordnet. Wo der Zeitpunkt der Erstveröffentlichung und der Zeitpunkt der Entstehung weit auseinander liegen, wird auch dieser in eckigen Klammern verzeichnet. Gegebenenfalls enthalten die Angaben zu den einzelnen Arbeiten einen Verweis auf französische Sammelbände, in denen die betreffende Arbeit später erneut abgedruckt wurde. Die Sammelbände finden sich unter dem Jahr ihres ersten Erscheinens.

1924a »Désert de mains«, in: *Intentions*, Nr. 21, 23–26, (vgl. auch 1947a).

1925a »Le Pays de mes rêves«, in: *La Révolution surréaliste*, 15.Jan., 1.Jahrg., Nr. 2, 27–29 (vgl. auch 1943a) [auch die weiteren, in *La Révolution surréaliste* bis 1926 erschienenen Träume und Gedichte sind in spätere Arbeiten aufgenommen worden].

1925b *Simulacre*, mit Lithographien von A. Masson, Paris (Galerie Simon), (vgl. auch 1969d).

1927a *Le Point cardinal*, Paris (Sagittaire) (vgl. auch 1969d).

1927b (Rez.) J. Dee, La Monade hiéroglyphique, in: *La Révolution surréaliste*, 1.Okt., 3. Jahrg., Nr. 9/10, 61–63 (vgl. auch 1966a).

1929a »Notes sur deux figures microcosmiques des XIVe et XVe siècles«, in: *Documents*, Nr. 1, 48–52.

1929b »A propos du ›Musée des sorciers‹«, in: *Documents*, Nr. 2, 109–116.

1929c »Civilisation«, in: *Documents*, Nr. 4, 221–222.

1929d (Rez.) W.B. Seabrook, *L'Ile magique* [Haïti], in: *Documents*, Nr. 6, 334–335.

1930a »Saints noirs«, in: *La Revue du Cinéma*, 2. Jahrg., Nr. 11, 30–33.

1930b »A propos du film de King Vidor *Hallelujah*«, ebd.: 1.Juni, 30–33.

1930c (Rez.) J. G. Frazer, *Myths of the Origin of the Fire*, in: *Documents*, 2.Jahrg., Nr. 5, 311–312.

1930d (Rez.) J. Brunhes und M. Jean-Brunhes Delamarre, *Races*, in: *Documents*, 2. Jahrg., Nr. 6, 375–376.

1930e »L'Oeil de l'ethnographe«, in: *Documents*, 2. Jahrg., Nr. 7, 404–414. »Toiles récentes de Picasso«, in: *Documents*, 2. Jahrg., Nr. 2, 57ff.

1931a »Le ›caput mortuum‹ ou la femme de l'alchimiste«, in: *Documents*, 2. Jahrg., Nr. 8, 21–26.

1933a »Danses funéraires Dogon«, in: *Minotaure*, 1. Jahrg., Nr. 1, 73–76.

1933b »Faîtes de case des rives du Bani (Bassin du Niger)«, in: *Minotaure*, 1. Jahrg., Nr. 2, 18–19.

1933c »Objets Rituels Dogon«, ebd., 26–30.

1933d »Masques Dogon«, ebd., 45–51. Dtsch.: *Masken der Dogon*. Frankfurt/M. (Qumran).

1933e »Le Taureau de Seyfou Tchenger«, ebd., 74–82.

1933f (Rez.) E. Simmel, *Comment l'homme forma son dieu*, in: *La Critique sociale*, 2. Jahrg., Nr. 9, 146.

1933g (Rez.) M. Raphael, *Proud'hon, Marx, Picasso*, ebd., 147.

1933h (Rez.) M. Bonaparte, *Edgar Poe*, in: *La Critique sociale*, 2./10, 185–187.

1934a *L'Afrique fantôme*, Paris (Gallimard). [Vorwort und Anmerkungen datieren von 1950] (Neuaufl. 1951, 1968, 1981). Dtsch.: *Phantom Afrika*. Frankfurt (Syndikat) 1980 und 1984.

1934b (Rez.) H. Ellis, *Etudes de psychologie sexuelle*, Bde. 12 und 13, in: *La Critique sociale*, 2. Jahrg., Nr. 11, 252–253.

1934c »Rhombes dogon et dogon pignari«, in: *Bulletin du Musée d'Ethnographie du Trocadéro*, Nr. 7, 3–10.

1934d »Le Culte des zârs à Gondar (Ethiopie septentrionale)«, in: *Aethiopica* (New York), 2. Jahrg., Nr. 3 und 4, 96–103, 125–136.

1934e »Rites de circoncision namchi«, in: *Journal de la Société des Africanistes*, Bd. 4, I, 63–79.

1934f »L'Art des Iles Marquises«, in: *Cahiers d'art*, 9. Jahrg., Nr. 5/8, 185–192.

1934g »Graffiti abyssins«, in: *Arts et métiers graphiques*, Nr. 44, 56–57.

1935a »Un rite médico-magique éthiopien: le jet du danqârâ«, in: *Aethiopica*, 3. Jahrg., Nr. 2, 61–74.

1935b »L'Abyssinie intime«, in: *Mer et Outremer*, Juni, 43–47.

1936a (Rez.) M. Lachin und D. Weliachew, *L'Ehiopie et son destin*, in: *La Nouvelle revue française*, 24. Jahrg., Nr. 268, 123–125.

1936b »Les Kamites orientaux«, in: *Encyclopédie française*, Paris, Bd. 7, 34. 14.

1936e »Les Nilotes et les demi-Kamites«, ebd., 34. 16.

1936d »Bois rituels des falaises [de Bandiagara]«, in: *Cahiers d'art*, 11. Jahrg., Nr. 6/7, 192–199.

1936e »Les Rites de circoncision chez les Dogon de Sanga« (zus. mit A. Schaeffner), in: *Journal de la Société des Africanistes*, Bd. 6, 2, 141–161.

1936f *La Néréide de la mer Rouge*, o. Ort (Mesures), 15. Jan. (vgl. auch 1969b). Dtsch.: *Die Nereide des Roten Meeres*. Frankfurt/M. (Qumran) 1980.

1937a *Tauromachies* (Zeichnung: A. Masson), Paris (G. L. M.) (Neuaufl. 1964).

1938a *Miroir de la tauromachie* (mit drei Zeichnungen von A. Masson), Paris (G. L. M.), (Neuaufl. 1964 und 1981).

1938b »La Croyance aux génies ›zar‹ en Ethiopie du Nord«, in: *Journal de psychologie normale et pathologique*, 35. Jahrg., Jan.–März, 108–125.

1938c »Le Sacré dans la vie quotidienne«, in: *La Nouvelle revue française*, 26. Jahrg., Nr. 298, 26–38, (»Pour un Collège de Sociologie«) und in: *Change*, Nr. 7, 1970, 63–72.

1938d »Du Musée d'Ethnographie au Musée de l'Homme«, ebd., Nr. 299, 344–345.

1938e (Rez.) M. Leenhardt, *Gens de la Grande Terre*, ebd., Nr. 302, 853–854.

1939a *L'Age d'homme*, Paris (Gallimard). [1930–35; Vorwort: 1946] (Neuaufl. 1946, 1969, 1973). Dtsch.: *Mannesalter*. Neuwied (Luchterhand) 1963, Frankfurt/M. (Suhrkamp) 1975.

1939b »Les Statuettes magiques [bavili]«, in: *La Revue des voyages*, Januar, 22.

1939c »La Sculpture [dogon et bavili] au Musée de l'Homme«, in: *XXe siècle*, 2. Jahrg., Nr. I, 55.

1939d »Les Races de l'Afrique«, in: *Races et racisme*, 3. Jahrg., Nr. 16/18, 13–15.

1939e *Glossaire: j'y serre mes gloses* (illustriert von A. Masson), Paris (Galerie Simon) [1925–39; zuerst erschienen in: *La Révolution surréaliste*, Nr. 3, 1925; Nr. 4, 1925; Nr. 6, 1926], (vgl. auch 1969d). Fortsetzung in Chappuis 1973.

1941a »La Notation d'awa chez les Dogon«, in: *Journal de la Société des Africanistes*, Bd. 11, 229–230.

1943a *Haut mal*, Paris (Gallimard), [1924ff.] (vgl. auch 1969b).

1944a »Bagatelles végétales«, in: *Sources de la poésie*, Paris (Seghers), (vgl. auch 1956a und 1969d).

1945a *Nuits sans nuit et quelques jours sans jour*, Paris (Fontaine, Gallimard), (Neuaufl. 1961). Dtsch.: *Lichte Nächte und mancher dunkle Tag*. Frankfurt/M. (Suhrkamp) 1981.

1945b »Prestige de la Gold Coast«, in: *Echange*, Nr. 2, 66–79.

1946a *Aurora*, Paris (Gallimard) [1927ff.], (Neuaufl. 1972). Dtsch.: *Aurora*. München (Matthes und Seitz) 1979.

1947a *André Masson et son univers* (zus. mit G. Limbour), Genf/Paris (Ed. les Trois Collines). Dtsch. in: A. Breton und A. Masson, *Martinique*. Frankfurt/M. 1981. Vgl. auch A. Masson, *Gesammelte Schriften*, München 1990ff.

1947b *The prints of Joan Miró*, New York (Curt Valentin).

1947c Vornotiz, zu J.-P. Sartre: *Baudelaire*, Paris (Gallimard), (vgl. auch 1966a; Neuaufl. 1963, 1972).

1948a *Biffures (La Règle du jeu I)*, Paris (Gallimard) [1940–47].

1948b *La Langue secrète des Dogons de Sanga*, Paris (Institut d'Ethnologie, Bd. 50).

1948c »Rien à gagner avec ce genre d'hybrides«, in: *Combat*, 25. Juni, 4.

1948d »Message de l'Afrique«, in: *Le Musée vivant*, 12. Jahrg., Nr. 36/37, 5–6.

1949a »Antilles et poésie des carrefours«, in: *Conjonction* (Port-au-Prince), Nr. 19, 1–13.

1949b (Rez.) A. Breton, *Martinique. Charmeuse de serpents*, in: *Les Temps modernes*, 4. Jahrg., Nr. 40, 363–364.

1949c »Mission [...] aux Antilles françaises et à la république d'Haïti [...]«, in: *Basse-Terre*, 21f.

1949d »Perspectives culturelles aux Antilles françaises et en Haïti«, in: *Politique étrangère*, 14. Jahrg., Nr. 4, 341–354.

1950a »Martinique, Guadeloupe, Haïti«, in: *Les Temps modernes*, 5. Jahrg., Nr. 52, 1345–1368.

1950b »Trois chansons guadeloupéennes«, ebd., 1394–1396.

1950c »Biguines et autres chansons de la Martinique«, ebd., 1397–1407.

1950d »Noms de véhicules terrestres dans les Antilles de langue française«, ebd., 1408–1413.

1950e »Le Problème culturel dans les Antilles de langue française«, in: *Trait d'union* (Martinique), Paris, 1. Jahrg., Nr. 3, 3–4.

1950f »L'Ethnographe devant le colonialisme«, in: *Les Temps modernes*, 6. Jahrg., Nr. 58, 357–374, (vgl. auch 1966a, 1969c und Neuaufl. 1972).

1951a »Race et civilisation«, Paris (Unesco). 1960 in: *Le Racisme devant la science*, (vgl. auch 1969c und Neuaufl. 1972).

1951b *Toro*, Lithographies en couleurs de André Masson, avec un poème de Michel Leiris, Paris (Galerie Louise Leiris).

1951c »Sacrifice d'un taureau chez le Houngan Jo Pierre-Gilles«, in: *Présence africaine*, Nr. 12, 22–36.

1952a »L'Expression de l'idée de travail dans une langue d'initiés soudanais«, ebd., Nr. 13, 69–83.

1953a »Note sur l'usage de chromolithographies catholiques par les vodouïsants d'Haïti«, in: *Les Afro-Américains* (Dakar), 201–207, (vgl. auch 1966a).

1953b »Les Nègres d'Afrique et les arts sculpturaux«, in: *L'Originalité des cultures* [. . .], Paris (Unesco), 336–373, (Neuaufl. 1954).

1953c »Une Marionette d'Ubu«, in: *Arts et traditions populaires*, Nr. 4, 337–338, (vgl. auch 1966a).

1953d »Henri Martin et le colonialisme«, in: *L'Affaire Henri Martin*. Commentaire de Jean-Paul Sartre [. . .], Paris (Gallimard), 71–79; 214–216.

1954a »Conception et Réalité chez Raymond Roussel«, in: *Critique*, Nr. 89, Okt., 821–853; 1972: Einl. zu R. Roussel, *Epaves*, Paris (Pauvert).

1955a *Le culte des zâr à Gondar (Ethiopie du Nord)*, Paris (vervielf.), 10f.

1955b *Contacts de civilisations en Martinique et en Guadeloupe*, Paris (Unesco/Gallimard), (Neuaufl. 1974).

1955c *Fourbis (La Règle du jeu II)*, Paris (Gallimard) [1948–55].

1956a *Bagatelles végétales*, Paris (J. Aubier), (vgl. auch 1969d).

1956b »L'Education des illettrés en Chine nouvelle«, in: *Le Patriote du Sud-Ouest* (Toulouse), Nr. 3105, 9.

1956c »A travers ›Tristes Tropiques‹« [de Claude Lévi-Strauss], in: *Les Cahiers de la République*, Nr. 2, 130–135, (vgl. auch 1966a, 1969c).

1957a *Balzacs en bas de casse et picassos sans majuscules, lithographies* de Pablo Picasso, Paris (Galerie Louise Leiris).

1958a *La Possession et ses aspects théâtraux chez les Ethiopiens de Gondar*, Paris (Plon) Neuaufl. Paris (Sycomore) 1980.

1958b Préface à l'exposition »L'Art de l'Afrique noire«, Besançon (Palais Granvelle), 12. Juli – 5. Okt.

1958c »Don Juanisme de Georges Bataille«, in: *La Ciguë*, Nr. 1, Jan., 37–38.

1958d »Le Réalisme mythologique de Michel Butor«, in: *Critique*, 11. Jahrg., Nr. 129, 99–118.

1959a Catalogue de l'exposition »Sculpture of the Tellem and the Dogon«, London (Hanover gallery).

1960a »La Possession par le zâr chez les chrétiens du Nord de l'Ethiopie«, in: *Désordres mentaux et santé mentale en Afrique au Sud du Sahara*, London, 168–175.

1961a *Marrons sculptés pour Miró*, Paris (Gallimard) und Genf (Galerie Engelberts), Neuaufl. 1962, (vgl. auch 1969d).

1961b *Vivantes cendres, innommées*. Illustré de gravures à l'eau forte par Alberto Giacometti, Paris (J. Hugues) [1957–58], (Neuaufl. 1969).

1962a Vorwort zu J./M.-J. Tubiana, *Contes zaghawa*, Paris (Les Q. Jeudis) 9–11.

1963a »Un grand ethnologue« [Alfred Métraux], in: *NRF Bulletin*, Nr. 181, 19. [zum Tod von Métraux, im April 1963].

1963b »Regard vers Alfred Métraux«, in: *Mercure de France*, Nr. 1200, 411–415. 1964: in: *L'Homme*, Bd. 4, Nr. 2, (vgl. auch 1969c und Neuaufl. 1972).

1964a *Grande fuite de neige*, Paris (Mercure de France) [1927ff.] Neuaufl.: fata morgana 1982.

1964b »Le Témoignage de Michel Leiris au procès des 18 jeunes Martiniquais«, in: *Aletheia*, Nr. 3, 183–186.

1964c »Paysans de la Chine d'aujourd'hui«, in: *NRF Bulletin*, Nr. 193, I. [Notiz zu J. Myrdal].

1965a »Qui est Aimé Césaire?«, in: *Critique*, Nr. 216, 395–402, (vgl. auch 1966a).

1965b »Entretien avec Georges-Henri Rivière«, in: *Chefs d'œuvre du Musée de l'Homme*, Paris, 13–15.

1965c »Afrique noire«, ebd., 39–42.

1965d »Notices relatives aux œuvres d'Afrique noire« (zus. mit J. Delange) ebd., 46–91.

1965e »Réflexions sur la statuaire religieuse de l'Afrique noire«, in: *Rencontres internationales de Bouaké*, Paris (Seuil), 171–197.

1966a *Brisées*, Paris (Mercure de France) [teils 1928–30 entstanden und in *Dokuments* und *La Révolution surréaliste* erschienen].

1966b *Fibrilles (La Règle du jeu III)*, Paris (Gallimard) [1956–66].

1967a »Du temps de Lord Auch«, in: *L'Arc*, Nr. 32 (»Bataille«), 6–15.

1967b *Afrique noire: la création plastique* (zus. mit J. Delange), Paris (Gallimard). Dtsch.: *Afrika*, München (Beck) 1968.

1967c Vorwort zu J. Delange: *Arts et peuples de l'Afrique noire*, Paris (Gallimard).

1967d *Titres et Travaux*, Paris (Eigendruck).

1967e Vorwort zu: M. Jacob, *Le Cornet à dés*, Paris (Gallimard).

1968a »Communication au Congrès culturel de la Havane. Réflexions sur la recherche scientifique, les études sociologiques et la création artistique dans la formation de la culture d'un pays sortant du sous-développement«, in: *Les Lettres nouvelles*, März–April, 104–112 (vgl. auch 1969c).

1968b »Zar«, in: *Dictionnaire des civilisations africaines*, Paris (Hazan), 442–443.

1968c Vorwort zu A. Métraux: *Le Vaudou haïtien*, Paris (Gallimard), 7–10.

1969a »Plus rien«, in: *L'Ephémère*, 11, 338–343.

1969b *Haut Mal*, suivi de *Autres lancers*, Paris (Gallimard).

1969c *Cinq Etudes d'Ethnologie*, Paris (Gonthier), (Neuaufl. 1972, 1988 und 1989).

1969d *Mots sans mémoire* [Nachdruck der frühen Texte: »Simulacre«, »Le Point cardinal«, »Glossaire: j'y serre mes gloses«, »Bagatelles végétales«, »Marrons sculptés pour Miró«], Paris (Gallimard).

1970a (Rez.) R. Bastide: *Les Amériques noires. Les civilisations africaines dans le Nouveau Monde*, in: *Journal de la Société des Américanistes*, Bd. 57, 173–176; [erschienen 1970; angegebenes Erscheinungsjahr 1968].

1970b Vorwort zu: P. Guyotat, *Éden, Éden, Éden*, Paris (Gallimard) 7–8.

1970c *Fissures* (eaux-fortes de Miró), Paris (Maeght).

1970d *Wilfredo Lam*, Mailand (Fratelli Fabbri Editori).

1970e »Folklore et culture vivante«, in: *Tricontinental*, Nr. 3, Nov., 67–79.

1971a *André Masson. Massacres et autres dessins*, Paris (Hermann).

1972a Vorwort zu F. Bacon: *Expositions*, Paris (Galerie Maeght 1966 und Grand Palais 1971–72). 1976 in Bacon: *L'Art de l'impossible*, Genf (Skira), (Neuaufl. 1976). Vgl. auch 1982b.

1972b Vorwort zu G. Limbour: *Soleils bas*, Paris (Gallimard).

1974a »C'est illusoirement que le racisme fait état de différences [...]«, in: *Aux peintres et sculpteurs*, Paris (Mouvement [...]).

1975 *Mannesalter*. Frankfurt/M. (Suhrkamp).

1976a »Panorama du ›Panorama‹« [Über einen Text von Limbour], in: *Critique*, Aug.–Sept., Nr. 351–352, 791–799.

1976b *Frêle Bruit (La Règle du jeu IV)*, Paris (Gallimard).

1977a Vorwort: »Le grand jeu de Francis Bacon«, in: *Francis Bacon. Œuvres récentes*. Paris (Galerie Bernard).

1977b »Der Kopf aus Feuer«, Auszug aus: *Frêle bruit*, in: *Akzente*, Heft 3, Juni 1977, 245–257.

1977c *Die eigene und die fremde Kultur. Ethnologische Schriften I*. Hrsg. von H.-J. Heinrichs, Frankfurt/M. (Syndikat).

1978 *Das Auge des Ethnographen. Ethn. Schriften II*. Hrsg. v. H.-J. Heinrichs, Frankfurt/M. (Syndikat).

1979 *Aurora*. München (Matthes und Seitz).

1980a *Die Nereide des Roten Meeres*. Frankfurt/M. (Qumran).

1980b *Masken der Dogon*. Frankfurt/M. (Qumran).

1980c *Phantom Afrika. Ethn. Schriften III. 1..* Hrsg. v. H.-J. Heinrichs, Frankfurt/M. (Syndikat).

1980d *Au verso des images*. Montpellier (Fata Morgana).

1981a *Lichte Nächte und mancher dunkle Tag*. Frankfurt/M. (Suhrkamp).

1981b *Die Lust am Zusehen. Texte über Künstler des 20. Jahrhunderts*. Hrsg. v. H.-J. Heinrichs, Frankfurt/M. (Qumran). [Neuausgabe: S. Fischer 1988]

1981c *Miroir de la tauromachie*. Mit Zeichnungen von André Masson. Montpellier (Fata Morgana).

1981d *L'Afrique fantôme*. Paris (vgl. auch 1934a).

1981e *Le ruban au cou d'Olympia*. Paris (Gallimard).

1982a *Große Schneeflucht*. Frankfurt/M. (Qumran). [Neuausgabe: S. Fischer 1991]

1982b *Bacon Picasso Masson*. Hrsg. v. H.-J. Heinrichs. Frankfurt/M. (Qumran). [Neuausgabe: S. Fischer 1989]

1982c *Die Spielregel*. Bd. 1. Streichungen. München (Matthes und Seitz).

1982d *Spiegel der Tauromachie eingeleitet durch Tauromachien*. München (Matthes und Seitz).

1983 *Das Band am Hals der Olympia*. Frankfurt/M. (Qumran). [Neuausgabe: S. Fischer 1989]

1984a *Wörter ohne Gedächtnis*. Prosa Glossar Poesie. Hrsg. v. H.-J. Heinrichs. Frankfurt/M. (Qumran). Neuausgabe: S. Fischer 1991]

1984b *Phantom Afrika*. Ethn. Schriften IV. Hrsg. v. H.-J. Heinrichs. Frankfurt/M. (Qumran).

1984c *L'Africa Fantasma*. Mailand (Rizzoli).

1985a *Die Spielregel*. Bd. 2. Krempel. München (Matthes und Seitz).

1985b *Ethnologische Schriften*. 4 Bde. Nachdruck. Frankfurt/M. (Suhrkamp).

1985c *Langage, Tangage ou ce que les mots me disent*. Paris (Gallimard). ² 1987.

1986a *Glossaire*. Neuausgabe

1986b *Michel Leiris, de la recherche de soi*. Katalog. Festival d'Avignon. Bibliothèque Municipale.

1987a *Sacrifice d'un taureau chez le Houngan Jo Pierre-Gilles*. o. O. (Le Nyctalope).

1987b *Roussel. L'Ingénieu*. Montpellier (Fata Morgana).

1987c *Ondes*. Cognac (Le Temps qu'il fait).

1988a *A propos de Georges Bataille*. Paris (fourbis).

1988b *Huellas* (Brisées). Mexico (Fondo de Cultura Económica).

1988c *Á cor et à cri*. Paris (Gallimard).

1989 *Images de marques*. Cognac (Le Temps qu'il fait). [Auszug dtsch.: 1990 und 1992]

1991 *Die Spielregel*. Bd. 3. Fibrillen. München (Matthes und Seitz).

1992 *Leidenschaften. Prosa, Gedichte, Skizzen und Essays*. Hrsg. v. H.-J. Heinrichs. Frankfurt / M. (Fischer)

Die wichtigsten Sammelbände enthalten folgende Texte von Michel Leiris:

1977c: I. *Die Ethnologie als Humanwissenschaft*
Ethnographie und Kolonialismus (1950)
Rasse und Zivilisation (1951)
Kulturelle Aspekte der Revolution (1968)
Graffiti abyssins (1934)
II. *Elementare Ethnographie und Soziologie*
Die Besessenheit und ihre theatralischen Aspekte bei den Äthiopiern von Gondar (1958)
Einleitung
1. Zâr-Kult und Schamanismus
2. Besessenheit, Unterhaltung und Ästhetik
3. Der zâr als Symbol einer Seinsweise und als Urheber einer Handlung
4. Bewußtheit und Unbewußtheit bei den Protagonisten der Besessenheitsszenen
5. Gespieltes und gelebtes Theater im Kult der zâr
Das Heilige im Alltagsleben (1938)
Anhang
Programm des Collège de Sociologie
Brief an Georges Bataille

1978: I. *Erweiterungen ethnologischer Forschung*
Das Auge des Ethnographen (1930)
Die Nereide des Roten Meeres (1936)
Das abenteuerliche Leben des Jean-Arthur Rimbaud (1926)
Durch die »Traurigen Tropen«. Zu Claude Lévi-Strauss (1956)
Für Alfred Métraux (1963)
Von dem unmöglichen Bataille zu den unmöglichen *Documents* (1963)
Georges Batailles Don Juanismus (1958)
Wer ist Aimé Césaire? (1965)
II. *Martinique, Guadeloupe, Haiti*
Martinique, Guadeloupe, Haiti (1950)
Ein Stieropfer bei dem Vaudou-Priester Jo Pierre-Gilles (1951)
Zum Gebrauch der katholischen Andachtsbilder im haitianischen Vaudou (1953)
III. *Afrika*
Der Stier für Sayfu Čangar (1933)
Beschneidungsriten der Namchi (1934)
Der Begriff der Arbeit in einer sudanesischen Sprache der Eingeweihten (1952)

Die Neger Afrikas und die plastischen Künste (1953)
IV. *Magie, Okkultismus und Alchemie*
Das »Museum der Hexer« (1929)
Das »caput mortuum« oder die Frau des Alchemisten (1931)
»Die hieroglyphische Monade« von John Dee (1927)
Anmerkung zu zwei mikrokosmischen Figuren des 14. und 15. Jahrhunderts (1929)
Anhang
1. Interview mit Michel Leiris (von Madeleine Gobeil)
2. Leiris, der »Freund des großen Jahres« 1967/68 (von Jean-Pierre Faye)

1981b: Anstelle eines Vorworts:
Fragment eines Briefes an M. J.
I
Fred Astaire
Der Humor von Erik Satie
Zu Arnold Schönberg
II
Sartre und Baudelaire
Mallarmé – Morallehrer
Georges Batailles Don Juanismus
Konzeption und Realität bei Raymond Roussel
Michel Butors mythologischer Realismus
Über Raymond Queneau
Kunst und Dichtung im Denken Paul Eluards
Vorwort zu *Soleil bas* von Georges Limbour
Vorwort zu *Le cornet à dés* von Max Jacob
Vorwort zu *Falc'hun* von Yves Elléouët
III
Die imaginäre Welt des André Masson
Joan Miró
Hans Arp
Kunst und Gewerbe des Marcel Duchamp
Bausteine zu einem Bildnis Alberto Giacomettis
Elie Lascaux
Henri Laurens oder Die Bildhauerei in guten Händen

1982b: Francis Bacon heute
Picasso und die menschliche Komödie oder Großfuß' Wandlungen
Zu André Masson
Portraits
Götzenbilder
Mythologien
Spanien (1934–1936)
Händewüste
André Masson
Anhang

Georges Limbour:
Anläßlich einer Ausstellung
Georges Bataille:
Erinnerung an Michel Leiris

1984a: Der große Himmelspunkt
Glossar, die Glasrose
Trugbilder

L'Ire des vents (vgl. Bibl. zum Werk von Michel Leiris):
Autour de dix-neuf fragments inédits de Michel Leiris...
Pierre Chappuis   *Au présent dans le texte*
Jean Frémon   *Les inconstances de la morale*
André du Bouchet   *»Les Hauts-de-Bühl«*
Emmanuel Levinas   *La Transcendance des mots*
Erich Arendt   *Mort du taureau*
Yves Peyré   *Contempler la nuit, dévisager l'absence*
Jean Jamin   *Quand le sacré devint gauche*
* * * * *   *Fatrasies*
Georges Bataille   *Michel Leiris*
Colette Peignot   *Quelle couleur a pour moi...*
Francis Bacon   *Mieux que personne...*
Denis Hollier   *La Poésie jusqu' à z*
Edmond Jabès   *L'épée nue*
Maurice Blanchot   *Combat avec l'Ange*
Claude Louis-Combet   *Une métabiographie*
Marcel Moré   *»L'Afrique fantôme«*
Charles Juliet   *Rencontres avec Michel Leiris*
Nicolas Baudin   *Des naturels que nous trouvions...*
Bibliographie des livres de Michel Leiris

Illustrations hors-texte
Alberto Giacometti   *Portraits de Michel Leiris I, II, III et IV*
André Masson   *Portraits de Michel Leiris I et II*
Francis Bacon   *Portraits de Michel Leiris I et II*
Elie Lascaux   *Sur un rêve de* Nuits sans nuit
Pablo Picasso   *Portraits de Michel Leiris I et II*
Lou Laurin-Lam   *Portrait de Michel Leiris*

2. Zum Werk von Michel Leiris

Alexandrian, S., *Le Surréalisme et le rêve*, Paris (Gallimard) 1974, 346–366.

Anzieu, D., *L'Auto-analyse*, Paris (P. U. F.), 1959, 191–194.

Bachelard, G., *La Terre et les rêveries de la volonté*, (J. Corti) 1948, 278–281.

– *La Terre et les rêveries du repos*, 1948, 125–128, 223–233.

Beauvoir, S. de, *In den besten Jahren*, Reinbek (Rowohlt) 1961.

– *Der Lauf der Dinge*, 1966.

– *Alles in allem*, 1974. 1976².

Bellour, R., »Entretien avec Michel Leiris«, in: *Les Lettres françaises*, 29. 9. 1966.

Bersani, J., *La Littérature en France depuis 1945*, darin: Kap. XIX »Les Inventeurs«, Paris (Bordas) 1970.

Blanchot, M., *La Part du feu*, darin: »Regards d'Outre-Tombe«, Paris (Gallimard) 1949, 1972², 247–258.

– *L'Amitié*, darin: »Combat avec l'Ange« und »Rêver, écrire«, Paris (Gallimard) 1971, 150–170.

Bondy, F., »Michel Leiris – Archäologe seiner selbst«, in: *Aus nächster Ferne. Berichte eines Literaten in Paris*, München (Hanser) 1970, 152–161.

Boyer, A.-M., *Michel Leiris*, Paris (Editions Universitaires) 1974.

Bréchon, R., *L'Age d'homme de Michel Leiris*, Paris (Hachette) 1973.

Butor, M., *Répertoire I*, darin: »Une autobiographie dialectique«, Paris (Minuit) 1960; 1967 in: ders., *Essais sur les modernes*, Paris (Gallimard); dtsch. in: *Repertoire 3*, München (Biederstein) 1965.

Caltagirone, B., »Le séjour en Ethiopie de la mission Dakar-Djibouti«, in: *Gradhiva*, Nr. 5, 1988, 3–11.

Chambers, R., »Michel Leiris et le théâtre orphique«, in: *Saggi e richerche di letteratura francese*, Bd. VIII, Pisa 1967, 243–308.

Chappuis, P., »Michel Leiris poète«, in: *N. R. F.*, Nr. 212, Aug. 1970, 71–77.

– *Michel Leiris*, Paris (Seghers) 1973.

Chapsal, M., *Quinze écrivains*, darin: »Michel Leiris«, Paris (Julliard) 1963, 81–89.

– »Leiris ou l'ouverture de la poésie«, in: *Quinzaine littéraire*, Nr. 14, 15. Okt. 1966.

Clavel, A., *Michel Leiris*, Paris (Editions H. Veyrier).

Critique, März 1982, Nr. 418 und 1986, Nr. 42: Rezensionen von D. Hollier und J. Jamin zu Neuerscheinungen von Michel Leiris.

Durand, X., »Michel Leiris et la substance verbale«, in: *Cahiers Dada Surréalisme*, Nr. 4, 1970, 79–92.

Finkielkraut, A., »L'Autobiographie et ses jeux«, in: *Communications*, Nr. 19, 1972, 155–169.

Glissant, E., »Michel Leiris ethnographe«, in: *Les Lettres Nouvelles*, Nov., 1956, 609–621.

– *L'Intention poétique*, Paris (Seuil) 1969.

M. Gobeil, »Interview mit Michel Leiris«, in: *Sub-Stance*, 11–12, Madison 1975, 44–60. Dtsch. in: Leiris, *Die Spielregel*, Bd. 2, München (Matthes und Seitz) 1985, 339–358.

Gölter, W:, »Michel Leiris«, in: *Kritisches Lexikon der romanischen Gegenwartsliteraturen*, Tübingen (Narr) 1984.

- »›–Reusement!‹. Symbol und Transgression bei Michel Leiris«, in: *Romanistische Zeitschrift für Literaturgeschichte*, Heidelberg (Winter) 1984, 106–123.
- »Michel Leiris: Schreiben als Droge und Luzidität«, in: *Akzente*, 37. Jahrg., 2, 1990, 154–157.
- »Die Schrift und das Reale. Zum autobiographischen Oeuvre von Michel Leiris, in: *Lettre*, 86, 1992.
Grössel, H., »Die Autobiographie zum Tode. Michel Leiris und ›La Règle du jeu‹«, in: *Neue Rundschau*, 85. Jahrg. 1974, 2. Heft, 292–303.
Heinrichs, H.-J.: »Psychoanalyse und Schamanismus. Zur Forschung von Michel Leiris.« In: *Psyche*, 5, 31. Jahrg., 1977, 457–475.
- *Ein Leben als Künstler und Ethnologe. Über Michel Leiris.* Frankfurt/M. (Qumran) 1981. (Originalausgabe)
- Beiträge in Sammelwerken, Zeitschriften, Katalogen etc.
Heißenbüttel, H., *Zur Tradition der Moderne. Aufsätze und Anmerkungen 1964–1971*, darin: »Anmerkungen zu einer Literatur der Selbstentblößer«. Darmstadt (Luchterhand) 1972, 80–94.
Ingold, F. P., Rezensionen und Beiträge in Sammelwerken sowie Übersetzungen (*Glossaire . . . u. a.*)
Juin, H., »Michel Leiris et les autres«, in: *Chroniques sentimentales*, Paris (Mercure de France) 1962, 183–197.
Juliet, Ch., »La Littérature et le thème de la mort chez Kafka et Leiris«, in: *Critique*, Nr. 126, Nov. 1957, 933–945.
Lanes, J., »Langage, acte, acte de mourir: l'esthétique de l'Age d'homme«, in: *Symposium*, Nr. 4, 1970, 340–353.
Lejeune, Ph., »De Glossaire à Biffures: la construction du texte«, in: *Le Pacte autobiographique*, Paris (Seuil) 1975.
- *Lire Leiris. Autobiographie et langage*, Paris (Klincksieck) 1975.
Levinas, E., »La Transcendance des mots«, in: *Les Temps Modernes*, Nr. XLIV, Juni 1949, 1090–1095.
L'Ire des vents. Sondernr. mit Texten von und über Michel Leiris, Nr. 3–4, 1981.
Matthews, J.-H., »Michel Leiris. Aurora«, in: *Surrealism and the Novel*, Ann Arbor (University of Michigan Press) 1966, 107–123.
- »Michel Leiris«, in: *Surrealist Poetry in France*, Syracuse (Syracuse University Press) 1969, 80–89.
Maubou, C., *Michel Leiris au travail. Analyse et transcription d'un fragment manuscrit de Fourbis.* Pisa (Pacini Editore) 1987.
Mauriac, C., *L'Alittérature contemporaine*, darin: »Michel Leiris«, Paris (Albin-Michel) 1969, 69–88.
Mehlmann, J., *A Structural Study of Autobiography: Proust, Leiris, Sartre, Lévi-Strauss*, Cornell University Press, 1974, 65–150.
- »Toward Leiris. On Literature and Bull-fights«, in: *Genre*, VI, Nr. 2 1973, 204–219.
Moré, M., »L'Afrique fantôme«, in: *Accords et dissonances*, Paris (Gallimard) 1967, 74–81.
Nadeau, M., *Michel Leiris et la quadrature du cercle*, Paris (Julliard), Dossiers des Lettres Nouvelles, 1963.

- »La preuve par l'œuvre«, in: *La Quinzaine littéraire*, 15. Sept. 1966.

Pfeiffer, J., »Michel Leiris et la question de l'autobiographie«, in: *Cahiers du Chemin*, Nr. 21, 15. Apr. 1974, 129–141.

Picon, G., *Panorama de la Nouvelle littérature française*, Paris (Gallimard).

- *L'Usage de la lecture* Paris, (Mercure de France) 1961. Bd. II, 147–153.

Pontalis, J.-B., »Michel Leiris ou la psychanalyse interminable, in: *Après Freud*, Paris (Gallimard) 1968; dtsch. in: *Nach Freud*, Frankfurt/M. (Suhrkamp) 1974, 273–293.

Revue de l'Université de Bruxelles, Sondernummer über Leiris, 1–2, 1990.

Ronat, M., »Le passé composé« und »Une ethnographie particulière«, in: *la langue manifeste. littérature et théories du langage*. Sondernr. von *action poétique*, Paris 1975, 55–67; 103–112.

Rousseaux, A., »Inventaire de Michel Leiris«, in: *La Littérature du XXe siècle*, Paris (Albin-Michel) 1958, 132–140.

Schneider, M., »Michel Leiris. Die Spielregel des Todes«, in: *Die erkaltete Herzensschrift*. München (Hanser) 1986, 199–204.

Simon, R. H., »Orphée Médusé. Autobiographies de Michel Leiris«, Lausanne (L'Age d'homme) 1984.

Sontag, S., »Michel Leiris' *Mannesalter*«, in: *Kunst und Antikunst*, Reinbek (Rowohlt) 1968, 95–101. Neuauflage. München 1980.

Substance, Nr. 11–12, Madison (University of Wisconsin) 1975.

Sud, Nr. 28/29, Marseille 1979.

Sulfur, Sondernummer über Leiris, Los Angeles 1986.

Thomas, J.-J., »Lire Leiris: Essai d'analyse poétique d'un fonctionnement analinguistique«, Thèse de doctorat, Université de Paris, 1972.

Vercier, B., »Le mythe du premier souvenir et sa place dans le récit: Pierre Loti, Michel Leiris«, in: *Revue d'histoire littéraire de la France*, Nr. 6, 1975.

Yvert, L., »Bibliographie des écrits de Michel Leiris 1924–1974«, in: *Bulletin du Bibliophile*, Nr. 1 und 3, 1974, 8–49; 271–314.

Weiss, Ch.: Rezensionen und Beiträge in Zeitschriften und Sammelwerken.

Interview mit Michel Leiris, von Sally Price und Jean Jamin, in: *Gradhiva*, Nr. 4, 1988, 29–56. Dtsch. in: *Akzente*, 2. April, 1990, 119–153.

Interview sur Raymond Roussel, in: *Gulliver*, Nr. 4, Febr. 1973.

Interview sur Robert Desnos, in: *Le Monde*, 10. Jan. 1975.

Hans-Jürgen Heinrichs
»SPRICH DEINE EIGENE SPRACHE, AFRIKA!«

**Von der Négritude zur afrikanischen
Literatur der Gegenwart
Reimer 1992**

Außerdem sind von
Hans-Jürgen Heinrichs erschienen:

Fenster zur Welt
Positionen der Moderne
Athenäum 1989

Der Reisende und sein Schatten
Städte und Landschaften
Frankfurter Verlagsanstalt 1990

»Die Djemma el-Fna geht durch mich hindurch«
Hubert Fichte und sein Werk
Pentragon 1991

Ein Leben als Künstler und Ethnologe
Über Michel Leiris
S. Fischer 1992

Inmitten der Fremde
Essay
Rowohlt 1992